VOYAGE

A

PRAGUE

ET

à Léoben,

OU

CORRESPONDANCE ENTRE UN PÈRE ET SON FILS

EN SEPTEMBRE 1833;

PAR M. LE VICOMTE WALSH.

Seconde Édition.

Paris,

L. F. HIVERT, LIBRAIRE,
QUAI DES AUGUSTINS, N° 55 ;
Au Salon de Lecture, place de la Bourse, n° 9.

—

1834.

VOYAGE

à Prague et à Léoben.

DE L'IMP. D'A. PIHAN DE LA FOREST,
Rue des Noyers, n° 37.

VOYAGE

A

PRAGUE

ET

à Léoben,

OU

CORRESPONDANCE ENTRE UN PÈRE ET SON FILS

EN SEPTEMBRE 1833;

PAR M. LE VICOMTE WALSH.

« Un naturaliste me montrait, l'autre jour, une espèce de lierre qui ne s'attache qu'aux arbres qui ne sont plus au soleil... ; ma mère, notre famille ressemble à ce lierre, nous ne nous attachons qu'aux infortunes.

« Tu as raison, mon enfant ; si je redeviens jamais riche, je te ferai graver sur un cachet, une branche de ce lierre, embrassant un arbre frappé de la foudre, avec cette devise :

« *Je vis plus que son bonheur.*

« VEUVE DE QUIBERON. »

Seconde Édition.

Paris,

L. F. HIVERT, LIBRAIRE,

QUAI DES AUGUSTINS, N° 55 ;

Au Salon de Lecture, place de la Bourse, n° 9.

1834.

VOYAGE

politique et pittoresque

A PRAGUE,

en septembre 1833.

PREMIÈRE LETTRE.

Rouen, 12 septembre 1833.

Tu me demandes si j'approuve le voyage à Prague;..... Je fais bien plus, cher ami, je te bénis d'avoir eu cette idée; j'aime les idées qui ne viennent pas à tout le monde, et certes, cette pensée – là n'ira ni aux cœurs froids ni aux esprits arides.

Sur le chemin que tu vas prendre, tu ne seras ni foulé, ni coudoyé par ce qu'il y a, dans la société actuelle, de bas, de commun et de vulgaire...... Pars donc, va honorer la vieillesse, le malheur et la vertu, va jurer fidélité au bon droit; pars : on ne peut jamais aller trop loin pour faire ce qui est bien.

Quelques-uns te diront peut-être : *à quoi bon ?*

Car bien des gens au jour d'aujourd'hui s'écrient :

Respect aux grandes infortunes! *à quoi bon?*

Respect à la foi jurée, tenacité au serment ! *à quoi bon?*

Souvenir de ses pères! *à quoi bon ?*

Feu de l'ame, enthousiasme du cœur ! *à
quoi bon?*

Il y en a qui parlent encore plus mal;
il y en a qui ont encore des mots plus amers
pour tout ce qui sort du cercle étroit du
positif. Ce qui est *noble*, ils l'appellent
niais; ce qui est *devoir*, ils le nomment *du-
perie.* Ces gens-là, tu le conçois, ne regardent pas du côté de Prague, et c'est ailleurs
qu'ils vont faire leur cour.

A ceux-là, ne perds pas ton temps à
vouloir expliquer ton voyage, ils ne te
comprendraient pas.

Quelquefois, quand on se met à rêver d'avenir, on se dit : Je voudrais que mon nom fût placé auprès de telle ou telle action..... Eh bien ! en toute vérité, je te l'assure, là où j'ambitionne une place pour notre nom, c'est sur *le registre d'un Hôtel-de-Ville de Bohême, une place dans les archives de Prague ou de Buschtirhad.* Car (la chose est assez peu commune, pour que l'on veuille en garder le souvenir,) les annales de ces villes rediront un jour, qu'il y a eu jadis dans leurs murs un vieux roi, si noble, si bon, et des exilés si dignes d'être aimés, que de plus de trois cents lieues, de jeunes Français venaient à travers les distances, les obstacles et les persécutions, leur dire. Nous aimons mieux *courtiser* votre infortune que la prospérité de vos ennemis.

On tiendra, je crois, à grand honneur de voir le nom des siens inscrit parmi ces *courtisans-là*. Car eux, entre tous les Français, auront été les premiers à saluer Henri V dans le palais de l'exil, comme d'autres Français avant eux avaient crié *Noël* à Charles VII dans la cathédrale de Bourges.

Ainsi, tu le vois, cher ami, je suis loin de désapprouver ton voyage ; pars donc, je te loue et je t'envie.

DEUXIÈME LETTRE.

———

Metz, 17 septembre 1833.

*V*ous souvenez-vous, cher père, que *mon premier voyage*, hors de notre Bretagne, a été pour aller avec vous, aux brillantes fêtes du *baptéme* de Monseigneur le duc de Bordeaux, et me voilà encore en route pour un autre voyage ; et cette fois, c'est pour célébrer la *majorité* de Henri V! Et cette fois, ce n'est ni à Rosny, ni à Saint-Cloud, ni à Paris, que la solennité sera chômée, c'est en Bohême ; bien loin, bien loin sur la terre d'exil!!!

Autrefois, on pouvait dire aux jeunes gens : Il ne vous appartient pas de parler ; vous n'êtes que d'hier, qu'avez-vous vu ?

Oh! aujourd'hui, on ne peut plus nous tenir ce langage ! Les années nous ont compté double, par le temps qui court. Un homme de vingt-cinq ans en a cinquante ; les événemens extraordinaires, les grands changemens, les retentissantes catastrophes se sont pressés, accumulés, entassés dans le court espace d'une jeunesse d'homme, comme jadis dans une tragédie classique soumise à la règle des vingt-quatre heures. Nous sommes quatre voyageurs ensemble ; le plus vieux n'a pas vingt-huit ans, et nous n'avons encore marché qu'à travers des débris d'empires et de royaumes..... Quand le prince, que nous allons saluer dans son exil, est né, nos pères et nos mères nous ont tous dit : *Voilà votre roi!* Et tout jeunes, nous avons été conduits auprès de son berceau. Je me souviens très bien que l'*enfant de l'Europe* (on l'appelait ainsi alors), je me souviens très bien que lorsque Henri-Dieudonné fut apporté sur les bras de sa nourrice, dans la vieille basilique de Notre-Dame, et offert au Dieu des petits enfans et des rois; je me souviens très bien, qu'ainsi que toute la foule, j'étendis ma main vers lui; ce fut là mon premier serment.

Je l'ai tenu jusqu'à ce jour; et mes compagnons de voyage et moi, nous allons aujourd'hui dire à l'enfant, qui a grandi, et que le temps a rendu majeur dans l'exil : Nous voilà toujours fidèles à vous, *à la vie, à la mort.* Ces pensées-là nous rendent graves par momens; et dans nos calèches, il y a parfois du silence et de la réflexion. Tout le pays que je traverse me semble bien moins beau que notre Bretagne; ici, à Metz, nous avons rencontré quatre autres voitures remplies de pèlerins comme nous; on se devine bien vite: car on a beau dire, les bons ne ressemblent point aux mauvais; on reconnait entre mille, l'homme qui va faire sa cour au Palais-Royal. M. Mahul n'a pas l'air de M. de Châteaubriand, ni M. Bertin de Vaux, de M. le duc de Fitz-James.

Chaque parti a son cachet, tant mieux.

Adieu, cher père; bientôt nous serons hors de France..... Il y a eu un temps où ça m'aurait fait peine de ne plus marcher sur son sol, mais aujourd'hui les regrets de ce genre s'affaiblissent; sur cette généreuse terre , le *juste-milieu* a jeté tant d'ivraie !!!

Pour mesurer ce que vaut un roi, faut voir s'il fait aimer la patrie, s'il rend fier du pays natal.

Adieu encore. Ma première lettre sera de Francfort.

TROISIÈME LETTRE.

Francfort, 20 septembre 1833.

Je voudrais que Francfort et Mayence fussent des villes françaises, car j'y trouve beaucoup de choses que j'aime, et que je ne voudrais admirer que dans notre pays.

L'amour de la patrie est donc jaloux comme tous les autres amours! Je commence à le croire : ce matin, en visitant beaucoup de belles choses, par momens j'ai cru trouver un peu d'envie mêlée à mon admiration..... Nous sommes bien fiers et bien superbes en France, et nous avons vrai-

ment trop de dédain pour les étrangers.....
Nous qui nous intitulons les *fils aînés de la
civilisation*, que nous sommes loin d'avoir
des auberges et des hôtels comme ceux de
Francfort et de Mayence! Et dans un siècle
de *mouvement*, ce n'est pas rien que de
bonnes auberges!

Nous sommes descendus ici à l'hôtel de
Russie; si je vous en faisais la description,
vous diriez un palais; grand et bel escalier
en marbre blanc, et salle à manger semblable à une salle moresque, toute revêtue
de brèche antique et de marbre de Sienne.

Dans la conversation avec notre hôte, un
de nous annonça le but de notre voyage,
et ce fut le meilleur vin du Rhin qui nous
fut apporté pour boire à la santé des princes qui sont aussi nobles dans leur bannis-

sement, qu'ils ont été généreux et bienfaisans dans leur prospérité.

A Francfort, plusieurs de nos amis de France sont retenus sans pouvoir dépasser cette ville, parce qu'avant de quitter Paris, ils n'ont pas soumis leurs passeports au visa indispensable de l'ambassade d'Autriche..... Il y a bien ici un chargé d'affaires de France, mais l'homme de Louis-Philippe est peu disposé à ouvrir le chemin qui mène vers Charles X et Henri V..... Déja quelques jeunes gens, n'ayant pu parvenir à surmonter les mille et un obstacles qu'on leur oppose, ont repris le chemin de France. D'où vous êtes, vous voyez la joie du fonctionnaire du juste-milieu; il a empêché des Français d'aller montrer aux rois bannis, une fidélité qui l'importune.

Nous passons un jour et demi ici. Je viens de voir la cathédrale : elle est à cent piques au-dessous de Saint-Ouen, mais j'y ai vu de beaux tableaux de Rubens.... Le temple protestant est magnifique ; mais à ces temples-là, il manque quelque chose, ça me semble des corps sans ame. Entre Francfort et Mayence, c'était comme entre Paris et Versailles, tant nous rencontrions de voitures! A Mayence, le Rhin m'a paru superbe, aussi beau que notre Loire! Si les Allemands ne sont pas contens de cet éloge, j'en suis fâché, c'est ce que j'ai trouvé de mieux à dire de ce puissant fleuve.

L'aspect général de Francfort est triste; ce qui prouverait que la richesse s'entoure souvent d'ennuis : car, certes, cette ville peuplée en grande partie d'Israélites et de banquiers, recèle dans ses murs d'innombrables trésors , et si jamais elle est gaie, cela devrait être au moment où nous y séjournons, car c'est celui de la foire. Plus de quinze cents marchands étrangers y apportent des produits de toutes les parties du monde.

Nous venons de cette foire, où ce qui nous a le plus tentés, ce sont de magnifiques pelleteries du Nord qui se vendent ici à bien meilleur marché qu'ailleurs.

Nous sommes encore peu avancés en Allemagne, et déja j'y trouve un attrait que nous ne rencontrons ni dans nos villes, ni dans nos campagnes : c'est une harmonie qui semble sortir du sol germanique et qui y est comme répandue dans l'air ; ici tout le monde chante juste et l'on se surprend à éprouver plus de plaisir à un concert des rues qu'à certains chœurs de nos grands opéras.

Certes, en France, ce serait une singulière mélodie que celle qui s'échapperait du fond d'une mine; eh bien ! ici je viens d'entendre de bonne musique; c'étaient des sérénades données à des négocians, et savez-vous par qui ? par des ouvriers mineurs qui viennent pour se rengager pour l'année suivante, car *leur temps* a fini à l'époque de la foire de Francfort. Alors ces braves gens arrivent par bandes dans la grande cité, et c'est par leurs accords qu'ils veulent capter une bienveillance qui leur donnera du pain.. . . . . Si leurs voix pouvaient aller jusqu'à vous, je leur dirais de vous chanter la chanson de notre pays.

Au revoir ! au revoir !

QUATRIÈME LETTRE.

———

Carlsbad , 22 septembre.

Nous avançons ; encore une journée , chers amis, et nous serons dans la capitale de la Bohême, dans la ville aux cent clochers et aux vastes palais.... Certes, si notre pensée fixe ne nous entraînait pas si invinciblement vers le but de notre voyage, nous serions tentés de dire à Carlsbad :

Bonum est hîc esse.

Car cette petite ville a singulièrement d'attraits ; elle plaît aux empereurs, aux rois, aux princes, aux riches, aux heureux, aux malades de ce monde. Tous y viennent; et, il y a quelques années, qu'en se promenant sur les rives de la Jœpel, jolie petite rivière, on aurait pu être coudoyé par les plus grands souverains de l'Europe. Là, en 1820, ils tinrent un congrès dont la diplomatie se souvient.

Étrange rendez-vous politique que cette petite ville, si encaissée entre deux hautes montagnes; on croirait qu'aux puissans de la terre il faudrait plus d'espace. Ici, figurez-vous dans cette étroite gorge, de longues rangées de maisons bâties à droite et à gauche d'une rivière peu large et si peu profonde, qu'à travers la limpidité de ses eaux, on distingue parfaitement le jaune de son sable et le brillant de ses cailloux.

Le quartier à la mode s'appelle *Wiese* ou *Prairie*; c'est maintenant une place assez vaste, et dont les maisons ne dépareraient pas les plus grandes villes; là, l'air circule librement, et la vue y est très belle....

De notre hôtel, entre les marroniers qui sont plantés sur l'esplanade, nous voyions briller les eaux de la rivière....

Mais ici la rivière est loin d'être en première ligne.... Ce sont les sources qui attirent les curieux et les malades.....

L'ancien *Sprudel*, source qui lance par ses cinq ouvertures

705 seaux d'eau par heure,

16,920 par jour,

Et, 6,175,800, par année.

Voilà la gloire et la fortune de Carlsbad, voilà ce qu'il faut aller saluer, comme
la divinité du lieu.

Tout Français lui doit des actions de
grâces, car cette année, S. A. R. madame
la dauphine a bu de ses eaux, et y a trouvé
la santé. Là, la fille de France devait se
trouver à l'aise ; car le *Muhlenbad*, établissement de bains avec de fort jolis appartemens pour les baigneurs a été bâti par
Marie-Thérèse. Le malheur a beau pousser au loin notre héroïne, elle rencontre
partout de grands noms de sa famille.
Voyez, en Allemagne, Marie-Thérèse, en
France, Marie-Antoinette, partout du courage et de l'adversité.

Pendant que nous étions à dîner, un Anglais nous a raconté les égards que tous les buveurs, tous les baigneurs, tous les étrangers s'empressaient de témoigner à madame la dauphine et à son royal neveu qu'elle aimait à montrer. Du plus loin qu'on apercevait les deux illustres exilés, tous les fronts se découvraient; Russes, Autrichiens, Prussiens, Anglais, Italiens, Danois, Suédois, Espagnols, Portugais, saluaient la fille des rois. Mais un homme seul ne voulait pas incliner son front devant madame la dauphine.

Devinez quel était cet homme, était-ce Deutz?

Non.

Etait-ce un régicide , que la restauration avait exilé?

Non.

C'était un homme que la restauration avait tiré de sa nullité pour le combler d'honneurs et de bienfaits, un homme auquel Charles X et monsieur le dauphin avaient accordé la plus haute dignité militaire.

On nous a assuré que toutes les fois que M. M... avait rencontré ou dans les rues, ou sur les promenades publiques la fille de Louis XVI et de Marie-Antoinette, l'homme de Louis-Philippe avait gardé son chapeau sur la tête!!!.

Quand un étranger vous raconte semblables choses, il faut prendre le parti de nier : aussi nous avons répondu à ce récit, par ces mots, *impossible! impossible !*

Et tout bas, bien bas, nous disions entre nous : Oh! non, *pas impossible.* En fait de mauvais procédés, d'ingratitude, d'insultes, d'outrages, de parjures, de trahisons, plus *rien d'impossible.* Nous avons tout vu.

L'iniquité ayant à combattre ce que la vertu a de plus grand, s'est mesurée à elle; elle a grandi comme sa sublime ennemie.

La bassesse de l'une s'est étendue comme la hauteur de l'autre.

On fait remonter la découverte de la source du Sprudel à l'année 1319, et la tradition du pays porte que c'est à l'empereur Charles IV qu'on en est redevable. Un jour qu'il chassait dans cette contrée (alors une vaste et épaisse forêt), un cerf d'une force et d'une beauté prodigieuses , après avoir fatigué les chasseurs, arriva dans une des clairières du bois sur les bords d'une source inconnue. Poursuivi encore par les plus intrépides de la chasse, le superbe animal allait être pris; déja il sentait sur ses jarrets l'haleine chaude des chiens qui avaient soif de son sang; déja les pointes de plusieurs couteaux de chasse l'avaient piqué. Arrivé sur le haut d'un rocher, il jette un seul regard en arrière, il voit la mort qui le touche; il n'hésite plus, il s'élance, et va tomber dans les eaux qu'il voit au-dessous de lui. Ces eaux, *c'était le Sprudel*.

Aussi, depuis ce temps le roc d'où le cerf

se précipita, porte le nom de *Hirschsprung*
(saut du cerf).

On regarde le bassin du *Sprudel* comme
une des merveilles de l'Allemagne; il est
formé de particules calcaires que l'eau elle-
même charie; la nature l'a recouvert d'une
triple voûte et l'a disposé de manière à recevoir l'eau minérale qu'elle prépare dans
ses laboratoires mystérieux et souterrains;
c'est aussi la plus chaude des sources; de
merveilleuses guérisons s'y opèrent.

A ces grandes coupes où l'on vient boire
la santé, ou du moins la diminution de ses
maux, tout le monde est admis; seulement,
les pas du pauvre ne laissent aucune trace
à l'entour de la fontaine salutaire , tandis
que quelques riches malades y perpétuent
leurs noms. Un ministre de Russie, M. de

Saldern, reconnaissant du bien que les eaux du Sprudel avaient fait à son fils, a embelli la source; c'est à lui que l'on doit l'esplanade et le salon des buveurs.

Un Anglais aussi a attaché son souvenir à ce lieu de guérison; lord Findlater y a fait des améliorations et des embellissemens.

Une des cinq sources porte le nom de *Theresienbrunnen.* Cette année quand on a su que *notre Marie-Thérèse* devait venir à Carlsbad, on a fait repeindre à neuf tous les bâtimens fondés par sa grand'mère. Oh! pareille attention a dû aller au cœur de madame la dauphine, car ce ne sont pas les *hommages* que l'on rend aux jours de la prospérité qui touchent le plus, c'est une *attention* aux temps de l'infortune qui vous remue au fond de l'ame, et qui fait venir les larmes aux yeux.

A la source des Pauvres, nous avons vu un jeune homme porter sur ses épaules une vieille femme estropiée ; or, il n'y avait point à s'y tromper, c'était bien un fils qui portait sa mère..... Une femme, en me montrant ce groupe, m'a dit, *heureuse mère!....* moi j'ai dit, *heureux fils!....*

L'industrie est aussi venue s'asseoir dans l'étroit vallon de Carlsbad. On y fabrique des ouvrages en étain et en acier.

Les épingles de cette ville ont une grande réputation; une fabrique de porcelaine a aussi de la renommée.

Dans ce pays, on se croirait parfois en

Bretagne ou dans la Vendée ; les chemins, les passages dangereux dans les montagnes sont sanctifiés de croix et de petites chapelles, car les Allemands ne craignent pas de mêler les signes religieux aux choses de la vie. L'été, quand on donne des fêtes aux baigneurs et aux buveurs de Carlsbad, c'est chose merveilleuse que de voir la nuit, dans la sombreur des forêts de sapins, apparaître les croix et les oratoires tout illuminés.

La montée, en sortant de la ville, est un des plus beaux chemins qui soient au monde : des murailles immenses appuient les rampes qui *zig-zaguent* sur le flanc de la montagne ; pour gagner la hauteur, nous fûmes obligés de mettre quatre chevaux à notre petite calèche.

Avant de vous écrire tous ces détails, j'aurais dû, cher père, vous redire notre départ de Mayence. Quoique j'aie déja vu pas mal de pays, je ne me souviens pas d'avoir admiré ni en France, ni en Espagne, un point de vue de fleuve plus beau que celui que l'on a du Rhin, en sortant de Mayence par son long pont de bateaux, qui tourne et se courbe sur les eaux, comme une route anglaise.

Adieu !.... Mais non, pas encore ; j'oubliais de vous raconter une touchante aventure. A chaque ville (vous me l'avez conseillé souvent), il faut demander sa *notabilité* ; or, une des *notabilités* de Mayence, c'est son jambon. Voulant en emporter avec nous, je descendis dans une auberge pour en acheter un. En entrant dans une salle basse, je vis *un politique al-*

lemand qui lisait le Constitutionnel; dans ce pays-là, on ne savait pas encore *qu'on se désabonne à ce journal en face du marchand de brioches.* Quelques retardataires, quelques demeurans d'un autre âge, continuent à le lire comme *au bon temps.*

Une voiture remplie de jeunes Français qui se rendaient aussi à Prague, venait de passer une demi-heure avant nous, et notre *politique d'auberge* avait su où ils allaient. Nous voyant sur la même route, il pensa que le but de notre voyage était aussi d'aller saluer nos princes, et il me dit :

—Et vous aussi, Messieurs, vous allez à Prague.

— Oui, monsieur.

— Et vous y allez sans cocarde blanche?

— Oui, Monsieur.

— Mais les journaux de France nous avaient annoncé...

— Un *non sens;* l'homme qui veut arriver ne se crée pas lui-même des obstacles ; et c'eût été s'en faire que d'arborer des signes extérieurs qui auraient blessé plus d'une susceptibilité.... Notre démarche révèle nos sentimens : pour être reconnus légitimistes, nous n'avons pas besoin de cocarde blanche.

— Mais le *Constitutionnel* et le *Temps* ont assuré que vous vous rendriez auprès de vos princes en chevaliers français, im-

plorant notre aide, pour vous aider à re-
lever leur trône.

— Votre aide! nous n'en voulons pas,
et si vous reveniez mettre le pied sur terre
de France, vous nous verriez faire ce que
les Bretons et les Vendéens ont fait en
1815; nous armer pour vous repousser...
Nous sommes de la Vendée.

A ces mots, une vieille dame qui était
assise au fond de la salle se leva... et,
d'une voix tremblante, s'écria: Vendée!
Vendée!...

— Oui, madame, nous sommes de ce
pays-là... et nos pères et nos frères y
étaient soldats.

— Oh grand pays!.. noble pays! répéta

la maîtresse de l'hôtel, qui, appuyée sur sa béquille, vint vers une grande armoire, et appela ses filles, qui étaient à travailler dans une pièce voisine.. Elle leur dit quelques mots, et aussitôt du linge blanc comme la neige, fut étendu sur la table. Pendant que l'une *des demoiselles de la maison*, faisait ces apprêts, l'autre apportait du vin du Rhin, en nous assurant que c'était tout ce qu'il y avait de meilleur dans la cave de sa mère.

De la grande armoire, la maîtresse de l'hôtel tira un de ces gâteaux que les Allemands appellent *farinage;* puis nous en ayant coupé de larges parts, et nous ayant versé rasade de vin couleur de topaze : à Vendée !.. à Vendée ! s'écria la vieille dame, à Charles X !.. à dauphine ! à duchesse de Berry ! à bons royalistes !

Et parlant ainsi, la bonne Allemande avait
des larmes dans les yeux ; ses filles aussi
étaient animées des mêmes sentimens ;
nous, nous pleurions presque de joie...
cela fait tant de bien, de voir aimer ceux
qu'on aime, admirer ceux qu'on admire...
Ce mot de *Vendée*, faisant battre le cœur
d'une étrangère à plus de quatre cents
lieues du pays, révélait toute la magie.

Ce soir, nous remontons en voiture. Il y
a un grand charme à voyager ainsi plusieurs amis ensemble, avec un même but, un
même esprit, un même cœur ; vous nous
connaissez assez pour savoir qu'aucun de
nous n'a fait le vœu de ne pas rire, mais
comme dans le pélerinage que nous avons
entrepris, il y a quelque chose de solennel,
un peu de la sainteté du motif retombe
de temps en temps dans nos esprits, et

alors notre conversation devient sérieuse,
et alors quand nous prononçons certains
noms et que nous venons à nous regarder,
nous nous surprenons avec des yeux humides..... Plus nous avançons vers Prague
et plus les réflexions graves deviennent
fréquentes..... C'est tout simple, on se re-
cueille avant de faire un acte religieux :
c'en est un que d'aller honorer de hautes
infortunes.......

Quand, avec vous, cher père, je suis pour
la première fois arrivé à Paris ; quand, du
pont de Sèvres, j'ai aperçu au soleil levant
la vieille église de Notre-Dame, où le grand
baptême que je venais voir, allait être célé-
bré..... je me souviens encore de toute
mon émotion d'enfant..... Eh bien ? lorsque dans deux ou trois jours j'apercevrai
dans des campagnes étrangères le toit du

Hradschin..... je devine et sens par avance ce que j'éprouverai..... et je donnerais beaucoup pour que vous fussiez avec nous; je suis sûr que nous, nous nous entendrions. Adieu; dites à ma mère que je commence à penser comme elle; qu'il y a quelque chose de triste dans les voyages, c'est de ne pouvoir emporter avec soi *tout* son cœur. Adieu, vous savez bien ce qui manque au mien.

CINQUIÈME LETTRE.

Prague , mardi 24 septembre à onze heures
du soir.

CHER père, je serais bien coupable d'a-
voir attendu jusqu'à aujourd'hui pour
vous écrire, si j'avais pu disposer d'une
seule minute; mais, à la lettre, depuis dimanche à deux heures, heure à laquelle
nous sommes arrivés, je n'ai pas eu une
seconde à moi.

A peine descendu de voiture, j'ai appris
que nos princes n'étaient pas encore de retour à Prague. J'ai donc aussitôt repris ma

course , pour Buschtirhad, (à six lieues d'ici); à cinq heures j'y étais, et, tout habillé, j'attendais, chez le brave et fidèle La Villatte , la sortie du diner, pour donner au baron de Damas votre petite lettre ; puis pour prendre les ordres du roi Charles X, et savoir quand je serais admis à l'honneur de lui remettre la lettre de notre noble et excellent ami.

Le baron est remonté chez lui à huit heures; notre jeune prince étant un peu souffrant n'est pas venu avec lui; le prince et la princesse de Metternich ayant diné avec la famille royale, le diner s'était un peu prolongé.

Je suis resté jusqu'à près de dix heures à causer chez le baron; il m'a recommandé de revenir le lendemain lundi à onze heures; il a été tout amical pour le fils de son ancien camarade de collége; il m'a promis que le lendemain j'aurais l'honneur de voir tout ce que nous aimons et vénérons.

Je suis donc revenu à Prague; il était deux heures du matin quand j'y suis arrivé; plusieurs de nos amis dormaient, mais d'autres, impatiens d'avoir des nouvelles de Buschtirhad, étaient restés debout à m'attendre. Je dis à mes compagnons de pélerinage que le lendemain, il me faudrait retourner pour avoir les audiences promises. Effectivement lundi matin, Alfred et moi, dès neuf heures, nous étions sur la route de Buschtirhad; à midi nous y étions arrivés.

Je suis allé d'abord chez votre ami, cher père, et il m'a conduit chez le duc de Blacas. Ce dernier que je n'avais jamais vu, m'a fait bon accueil, et dit de monter avec lui chez le vieux roi..... Je ne saurais vous exprimer combien j'avais le cœur gros d'é- motion et de bonheur, et cependant com- bien j'étais encore attristé de tout le ma- tériel du château, du chemin qui y con- duit et de cet air d'exil et de bannissement qui régnait partout. Je voulais repousser, pour rendre le contraste moins dur, le souvenir de la pompe des Tuileries, ces immenses salons, avec leurs dorures, ces riches galeries et ces gardes nombreuses.... Ici, rien de tout cela : le chemin, qui, de- puis la grande route de Prague à Carlsbad, conduit au château de Buschtirhad, est une allée de pommiers à quatre rangs.... véri- table chemin de traverse de Bretagne trans- planté en Normandie et de là en Bohême.

Pour parvenir dans la cour d'honneur,
à peine une misérable barrière en bois
peint!.... impossible de marcher dans les
avenues, tant elles sont mal entretenues;
les ronces et les orties croissent vite sur le
chemin des bannis!....Enfin, cette affreuse
solitude, l'aspect désolé du paysage, tout
cela, dis-je, m'avait grossi le cœur, et pour
la première fois je me pris à aimer les troupes étrangères, en voyant que les soldats
autrichiens avaient fourni un poste d'honneur au château, et placé deux sentinelles,
sous la voûte du grand escalier..... Dans
une prochaine lettre, je vous donnerai plus
de ces détails matériels que vous aimez et
dont vous vous servez pour peindre......
Mais ce soir, je veux vous rendre un *compte
moral* de tout mon bonheur d'hier..... Je
vous dirai donc, cher père, que je venais
de monter chez le roi Charles X..... A peine

parvenu dans un petit salon vert, bien meublé , M. le duc de Blacas a ouvert la porte du roi..... et notre vieux, notre bon, notre excellent prince, est venu droit à moi, comme à un ami... et, me donnant la main, m'a dit : Je suis heureux de vous revoir, mon enfant.....................

....

Mais ici, je m'arrête... il y aurait orgueil à redire à d'autres qu'à vous et à ma mère, les paroles d'intérêt et de bonté que l'auguste vieillard m'a adressées. Aux étrangers, il me suffira d'apprendre qu'il n'y a pas de travail, de fatigues et de sacrifices que ne paient au centuple, des mots si bienveillans !.... des mots qui deviennent des titres de famille, des titres de dévouement et de fidélité.

(Pour parler le langage de certaines gens), je dirai : Oh ! c'est *une bonne spéculation* de faire son devoir ; en le remplissant on trouve tout un *profit* de gloire et d'honneur !

Je voudrais, mon père, vous envoyer pour vous payer de bien de vos misères, syllabe pour syllabe, tout ce que j'ai entendu ! Mais impossible de l'écrire ; je vous le raconterai, et encore ! ! ! Que de riens qui m'ont rendu heureux, que je ne pourrai jamais vous redire.

Charles X, sous le poids des années d'exil, a encore bonne mine ; quand je l'ai vu, il était en redingote bleue, boutonnée jusqu'en haut, ses cheveux blancs argent, arrangés comme autrefois ; pas de décoration, pas un bout de ruban, rien !..... Mais

un air de santé qui fait bonheur à voir.....
Le seul changement que j'aie remarqué,
c'est que le noble vieillard a la tête un peu
plus penchée en avant..... L'infortuné! ce
n'est pas étonnant, l'ingratitude et la
trahison lui ont rendu la couronne si
lourde!!!

De chez le vieux roi, je suis allé, les
yeux encore bien humides, chez M. de La
Villatte, où j'ai retrouvé Alfred, et de là,
j'ai fait demander à madame la duchesse
de Gontaut, quelques instans d'audience.

Pas une minute d'attente, tout de suite
un bon et aimable oui.

A une heure, nous sommes entrés chez
MADEMOISELLE, pour n'en ressortir qu'à
quatre..... C'est là, que tout ce que l'on

ne peut décrire, tout ce que l'on ne peut redire, tout ce que l'on ne peut dépeindre, nous est arrivé..... C'est là que nous avons été COMBLÉS des bontés, des amabilités gracieuses de cette toute bonne, toute jolie, toute française petite princesse!..... Elle a été ADMIRABLEMENT BIEN ;..... nous parlant de Dieppe, nous nommant les personnes qui étaient ses amies....., parlant de sa mère, comme nous en parlons nous autres..... Il me faudrait deux heures pour vous raconter toutes ses bontés pour nous.

Depuis environ un quart-d'heure, nous étions chez S. A. R., lorsqu'on est venu lui annoncer que sa voiture l'attendait pour sortir ; alors nous avons voulu prendre congé.....

Non, non, nous a-t-elle dit..... Restez,

restez; je suis si heureuse! ah! oui! si heureuse de revoir de *nos amis*, des Français!..... Et puis elle a voulu que je lui racontasse *quelque chose de France*..... Tant d'affabilité m'a donné un peu de hardiesse, et alors j'ai osé causer. Madame la duchesse de Gontaut, qui est bonne et excellente pour sa jeune princesse, m'écoutait, et pleurait comme un enfant..., chaque fois que je venais à prononcer le nom de MADAME, MADEMOISELLE tressaillait sur sa chaise, s'animait, et semblait tout heureuse!.....Plusieurs fois elle s'est écriée: Ah! si ma mère vous entendait, elle aurait encore quelques instans de bonheur; et lorsque j'en suis arrivé à raconter comment le hasard m'avait mis à même de jeter le nom de Deutz, comme de la boue à la face de son complice, alors elle s'est levée, m'a serré la main avec force, et a ré-

pété : Que je vous remercie, que je vous remercie d'aimer autant ma pauvre mère !....
Revenez souvent pendant votre séjour à
Prague; revenez tous les jours, nous par-
lerons d'elle.

Vous voyez, cher père, comment la
duchesse de Gontaut a élevé la sœur de
Henri V. La noble gouvernante a pensé
que lorsque Dieu nous avait donné de
l'ame, il ne fallait ni la cacher, ni l'étein-
dre, aussi sa jeune élève brille-t-elle d'un
éclat tout-à-fait extraordinaire, et je suis
persuadé que parmi toutes les filles de
rois, nulle ne règnera plus sur les cœurs
que Louise de France.

Il faut que je passe sous silence bien de
petits détails, bien de ces *riens* que l'on
n'ose envoyer au loin, et qui cependant

rendent heureux lorsqu'on les écoute;.....
mais ce que je dois dire, parce que les paroles que j'écris en ce moment iront peut-
être réjouir des cœurs fidèles à plus de
trois cents lieues de Prague..... c'est que
le nom d'un administrateur municipal
comme M. Cav......, vit toujours dans le
souvenir de nos princes bannis, c'est que
M. de *Tel*......, c'est que *Blard*, *Tho-*
mas, *Meugnot*, *Camouin*, *Verdier*, et bien
d'autres encore, se lient étroitement à la mémoire de Dieppe; c'est que, sous les voûtes
du Hradschin, on parle souvent du Pollet,
des guides baigneurs, et des bains Caroline, parmi les paysans de la Bohême.

Avant de finir cette longue lettre, il me
faut, cher père, vous raconter un trait qui
peint à merveille la bonté de *Mademoiselle*.
Ce sera, j'en suis fâché, encore *parler de*

nous, mais nous ne serons dans l'histoire,
que comme les ombres, mises à un dessin,
pour mieux faire ressortir une gracieuse
figure.

Le brave et loyal La Villatte était avec
nous chez S. A. R., et dans la conversation, il trouva l'occasion de dire que, la
veille, j'avais été assez maladroit pour ne
pas lui avouer que je n'avais pas dîné, et
que grâce à cette discrétion, j'étais retourné
à Prague sans avoir rien pris.

Alors, Mademoiselle s'est élancée, (élancée est le mot) à une table qui était au milieu de sa chambre, et m'a dit : Allons,
M. W. venez partager mon goûter... Puis,
coupant un morceau de son pain, elle me
l'a donné elle-même, s'est mise à manger
avec nous, et au bout de quelques instans

a ajouté : **M. W.** *il faut boire, buvons à la santé de mon frère!* A ce mot, nous nous sommes levés ; elle a trinqué avec moi, et voyant qu'Alfred ne buvait pas, elle lui a dit : Comment, Monsieur, vous ne buvez pas?.... Mais, tout à coup, s'apercevant qu'il n'y avait que deux verres pour nous quatre, elle s'est écriée : *A la guerre comme à la guerre! en exil comme en exil!* Puis elle a passé mon verre à mon cousin, a reversé du vin et a porté de nouveau avec lui et La Villatte la santé de son frère.

Le prisonnier du Temple partageant son morceau de pain avec Cléry, c'est *un tableau sublime.* L'exilée de Buschtirhad rompant le pain avec des Français fidèles, serait, ce me semble, une *jolie vignette.* Adieu! adieu! comme je n'ai fait que vous parler de ce que vous aimez, je ne m'excuse nullement de vous en écrire si long !

SIXIÈME LETTRE.

———

Prague, le 25 septembre.

Je ne sais plus, cher père, quel est le peintre qui a représenté l'*Ange gardien*, donnant la main à une jeune fille et à un jeune garçon..... Depuis l'exil de nos princes, je me suis toujours souvenu de ce tableau que j'ai vu au collége ; madame la dauphine était constamment dans ma pensée l'ange gardien des *petits bannis*.

Vous partagez mon *culte* pour la *sainte de la France*, pour la fille des martyrs, pour l'Antigone des rois errans ; ainsi vous

concevez toute mon émotion, quand je fus
introduit dans la chambre de S. A. R. Elle
avait été bonne pour moi dans son élégant
appartement des Tuileries, elle a été excellente dans *sa* modeste chambre de Buschtirhad. La bonté est la même partout, au milieu de tous ses souvenirs de France. Madame la dauphine n'oubliait pas les personnes qui avaient souffert pour sa cause et qui
y dévouent encore tous leurs jours. En parlant des pauvres, elle répétait : *Je suis bien
aise que les temps ne soient point aussi durs
pour eux; leur extrême misère, après notre
départ, nous a affligés profondément, au
milieu de nos propres chagrins; vous le
savez bien vous, que nous avons toujours
voulu le bonheur de tous les Français...*

Oh! oui, je le savais! et j'ai su aussi
toute leur ingratitude!.... Il était près de

quatre heures et demie, heure à laquelle monseigneur le duc de Bordeaux devait rentrer de sa promenade à cheval.

Allez voir celui pour qui vous êtes venu, me dit madame la dauphine, *il est notre amour, notre consolation à tous.*

Il est notre *espérance*, répliquai-je. Et je n'eus que le temps de me rendre chez le baron de Damas, qui, ainsi que je vous l'ai dit, attend toujours son successeur annoncé. Comme j'arrivais, le jeune prince descendait de cheval; quand il est entré dans le salon, je sentis mes jambes défaillir; un voile de larmes me vint sur les yeux; je ne voyais plus;... au bout de quelques instans, ce nuage se dissipa..... et je pus voir sa figure franche, ouverte, noble et spirituelle. Sa mise était simple et de bon

goût, un pantalon gris clair, de jolis petits éperons, une veste verte à collet de
velours vert, ce qui allait à merveille avec
son teint blanc et rose, et ses beaux cheveux blonds.....

On n'a pas besoin, je vous assure, de lui
nommer ses amis ; il a gardé le souvenir de
leurs noms ; cette mémoire des *personnes*
et de leurs *faits*, si précieuse aux princes,
Henri V l'a déja à un degré surprenant.
Et cependant, si le système adopté pour
son éducation pèche sur quelques points,
c'est que le prince nous a semblé tenu trop à
l'écart; un caractère comme le sien ne ferait
que gagner à être mis plus souvent en contact avec les caractères des autres hommes ;
sans doute que les personnes qu'il voit habi-
tuellement, ne peuvent que lui donner de
bons et de nobles exemples, mais ce n'est

point assez encore, pour *apprendre les hommes* (et cela, pour les princes, est la première science) il faut en voir... et pendant le temps que des Français dévoués, venus de si loin pour le voir, étaient là à sa portée, nous le disons avec regret, mais sans amertume contre qui que ce soit, ses leçons de mathématiques, d'histoire et d'éducation, lui ont pris trop de temps. Sans doute, il est bon et désirable que ceux qui sont soumis à la rude chance de régner, soient placés par leur savoir au-dessus du commun des hommes; mais à tout enfant, à tout prince surtout, donnez des moyens d'expansion; eh! mon Dieu, les grands ont-ils donc trop d'amis? Laissez leur s'en faire dans leur jeune âge; en général, ces amitiés-là tiennent mieux que les autres, donnez-leur donc l'occasion de naître.

Toutes ces réflexions, je vous les fais, parce qu'à peine étions-nous arrivés dans la chambre de monseigneur le duc de Bordeaux, qu'il voulut nous faire asseoir et *causer du pays* avec nous. Ses maîtres lui dirent qu'il n'avait pas le temps ; alors, il regarda une montre placée parmi des livres, sur sa table, et dit, avec cette voix forte que vous lui connaissez : *encore un quart d'heure, ce serait un bonheur pour moi de le passer avec des Français.*

Mais l'heure des leçons était venue, et quoique prince, il y est régulièrement soumis ; on lui apprend à bien obéir, un jour il saura commander.

Pendant le peu d'instans que nous restâmes avec lui, je ne puis vous dire ce que j'ai ressenti ; devant le vieux roi, ça avait été un respect religieux; auprès de Marie-Thérèse, l'étonnement et l'admiration pour celle, qui, à force de malheurs, est devenue une des grandeurs de la France. Admis chez mademoiselle , le triple charme de la grâce, de l'esprit, de la bonté, m'avait entièrement subjugué.... Mais devant Dieu-donné, devant ce jeune homme, que *l'Europe* avait nommé *son enfant*; devant le fils du martyr et de l'héroïne, ce n'était plus rien de ce que j'avais éprouvé jusqu'alors, ou plutôt, c'était tout ensemble, amour, dévoûment, respect, crainte, espoir, tout cela se confondait en moi.

Je ne voyais plus le prince, que je restais encore tout palpitant de la forte impression que sa vue m'avait faite..... Aux Tuileries, à Saint-Cloud, je l'avais vu ; mais dans cette triste solitude de Buschtirhad,

c'est bien plus solennel! bien plus saisissant pour le cœur!.... Comptez donc, si
vous pouvez, combien il a fallu de parjures et de félonie pour le pousser jusque
là!!! Après cette journée si pleine d'émotions et qui me laissera de si longs souvenirs, après avoir vu tout ce que nous aimons, j'allai chez M. de La Villatte pour
reprendre notre voiture et retourner à
Prague.

Comme nous marchions en avant sur le
chemin, nous avons rencontré une voiture; c'était celle de mademoiselle;... reconnaissant *des Français*, elle a fait arrêter.
Elle et madame la duchesse de Gontaut
sont descendues; et là dans un champ,
sous des pommiers, nous nous sommes
promenés une demi-heure, comme nous
eussions pu faire dans le parc de Saint-

Cloud. Tout en causant M. de La Villate,
a redit à *mademoiselle*, combien nous
étions heureux de ses bontés pour nous, et
le fidèle serviteur a fini par nous dénon-
cer, et révéler à S. A. R., que nous avions
gardé le morceau de pain qu'elle nous avait
donné, voulant le rapporter en France...

Alors, elle s'est écriée : *non, non, man-
gez-le, je vous en donnerai d'autre ; mon
frère et moi, nous partagerons toujours
ce que nous en aurons avec nos compatriotes !*

A six heures nous quittâmes Buschtirhad,
et à neuf heures, nous soupions à Prague ;
buvant joyeusement à la santé des princes
que nous venions de voir, et qui nous
avaient tous, jeunes et vieux, ravis par leur
aimable accueil.

Le lendemain matin d'assez bonne heure, je me rendais chez notre ami de M... de R..., quand on est venu me signifier, de la part de la police, que j'eusse à quitter Prague, dans les 24 heures, si je n'avais un permis de rester, signé du duc de Blacas.... Comme vous le devinez aisément, je suis bientôt reparti pour Buschtirhad;... et là, en outre de la permission qui nous fut facilement accordée, nous eûmes le bonheur d'entendre la colère de nos jeunes princes, en voyant que l'on nous traitait ainsi. En vain nous leur disions que c'était une mesure de sûreté, ils ne voulaient rien diminuer de leur irritation et répétaient : *est-ce qu'il y a à craindre avec des Français?*.... Pauvres enfans, ils ne se trompaient pas; parmi nous ils n'avaient que des amis prêts à mourir pour les défendre... mais leur père!

Munis de notre permission, nous allâmes la montrer à la police; et là, nous apprîmes qu'un grand nombre de nos amis, sortis de France dans le même dessein que nous, avaient été arrêtés à Munich, à Mayence, à Tigra, à Francfort et à Strasbourg; que même plusieurs d'entre eux avaient été, faute de papiers, forcés de revenir dans leurs provinces.

La police étrangère n'est devenue si ombrageuse, nous en avons la certitude, que parce que d'autres Français, d'opinion différente que la nôtre, l'ont effrayée par leurs principes.

La *propagande* que nous nous allons faire en Allemagne et en Bohême, celle de la fidélité à son dieu, à son prince, à son pays; celle-là, n'est pas dangereuse pour les trônes légitimes.

Ce que je vous dis là, c'est ce que nous avons répété plus d'une fois à M. de Blacas, dans l'entretien que nous avons eu, ce matin, avec lui, relativement à la journée du 29....; d'autres que nous ont des paroles rudes pour la royauté légitime; nous, quand nous venons à elle, comme nous faisons au jour de la majorité, nous lui apportons non des leçons, mais des hommages, non des flatteries, mais la vérité.

Adieu, tout va bien aujourd'hui; nous venons de voir encore Henri V; en descendant de cheval, il a su qu'il y avait des Français à l'attendre.... Oh! si vous l'aviez vu alors, ses pieds ne touchaient pas le sable de la cour; en montant l'escalier, il nous a aperçus rangés près de sa chambre, comme une garde fidèle,... il a couru vers nous, et c'est avec des yeux pleins de larmes de joie, qu'il nous a répété : *oh! Messieurs, que je vous remercie du bonheur que vous me donnez tous!*

N'était-ce pas après ce moment d'expansion, le cas de le laisser s'entretenir sans gêne, sans étiquette avec ses jeunes compatriotes :... mais l'habitude, mais la monotonie de tous ses jours n'avaient pas prévu qu'il pourrait y avoir une heure d'entraînement, et dès lors il ne fallait pas y céder. Le baron de Damas devait, dans ces derniers temps, permettre de rompre la régularité assoupissante des journées d'exil; il devait savoir qu'il n'y avait pour son royal élève, qu'à *apprendre la France*, *avec nous*.

Henri V est beau et bon à faire voir à ses amis et à ses ennemis ; en se montrant, il accroît l'amour des uns, et désarme la haine des autres....

Adieu, je suis bien *parleur*, mais je suis si loin de vous et de ma mère !

SEPTIÈME LETTRE.

Rouen, 20 septembre.

En général, cher ami, la politique nous enlève aux pensées de famille, et voilà ce qu'elle a de mauvais; en occupant beaucoup l'esprit, elle a chance de dessécher le cœur.... Je dis *elle a chance*, car j'espère bien qu'elle n'a pas à cet égard un empire absolu, et si je consens à lui donner mes jours et mes nuits, je veux du moins que ce soit, sans qu'elle porte atteinte à mes affections, c'est cela mon marché avec elle. Mais en cette occasion, les journaux ne me distraient pas de vous; au contraire,

ils sont tout pleins de Prague, et ce mot
entre 16,000 mots qui entrent dans un nu-
méro de notre gazette, me saute tout de suite
aux yeux et me prend le cœur, pour plus
d'une raison, et pour plus d'un nom. Ici, la
société est fort occupée de votre pélerinage,
on ne me rencontre pas, sans me demander
si j'ai reçu des nouvelles de nos voyageurs;
à mesure que vous avancerez, l'intérêt que
l'on me témoigne augmentera.... Si j'en
croyais des bruits que l'on répand, bien
des obstacles seraient jetés sur votre chemin, pour vous empêcher d'arriver....
mais je ne m'en émeus pas; vous parvien-
drez à bon port, et vous remplirez votre
mission. *Dieu le veult!*

Les croisés allaient de par le monde faisant des pélerinages armés, pour adorer
leur Dieu; vous, vous voilà pélerins aussi

pour honorer l'adversité..... Qu'on vous laisse faire, ce n'est pas une divinité à la mode.

Comme c'est une pensée noble qui vous a mis en route, elle est mieux comprise des femmes que des hommes..... mais il y a quelques-unes de ces dames dont la tête va trop vite et trop loin. L'une d'elles, madame de *** s'enquérait l'autre jour de la cathédrale de Prague; elle voulait savoir si elle était bien vaste.... car selon elle, c'était là que vous deviez saluer la majorité du jeune prince. Pour qu'il n'y eût pas trop à rabattre de ses espérances, j'ai cherché à lui expliquer comment il était probable que les choses se passeraient, mais elle a voulu en rester à ses idées; il est vrai que son programme était bien. C'é-tait de la *poésie !...* et nous sommes dans un siècle *positif !*.... Elle vous convoquait tous dans le vieux temple, et l'on vous voyait, vous jeunesse française, fendre la foule des graves et religieux Allemands, pour parvenir à vos siéges réservés, près du trône élevé non loin de l'autel. Sous ce trône deux rois sans couronnes sur leurs front, Charles X et Louis-Antoine.

De l'autre côté du sanctuaire, agenouillées sur des carreaux de velours, deux femmes, deux sœurs, deux héroïnes, Marie-Thérèse et Marie-Caroline. Entre elles, un ange de beauté, de piété et de candeur, *mademoiselle !*.... Et puis celui qui attire tous les regards, qui réunit tous les vœux, Henri V !... Le voilà qui descend de son estrade fleurdelisée, le voilà qui traverse le sanctuaire, le sanctuaire de marbre tout parfumé d'encens, tout illuminé de cier-

ges, tout retentissant d'hymnes et de can-
tiques !.... Le prince de la jeunesse , suivi
des représentans de la jeune France, va incliner sont front pur devant son aïeul.

Malgré son grand âge, malgré sa majesté de vieux roi, Charles X se lève, et
marche au-devant de son petit-fils, et élevant une couronne sur sa tête , une couronne que vient de mettre en ses mains
Louis-Antoine , il dit d'une voix émue :

« Henri , fils de mon fils, de très-re-
« grettée mémoire, notre droit, les vieilles
« constitutions de la France nous avaient
« donné cette couronne, reçois-la de nous
« aujourd'hui, porte-la bien , et sois plus
« heureux que nous, accomplis la pensée
« de tous nos jours ; réalise notre vœu le
« plus cher...... fais le bonheur de la

« France!... Que le dieu de notre famille,
« le dieu de notre patrie, le dieu de saint
« Louis te reconduise un jour au milieu
« des Français; ce sera la volonté natio-
« nale qui te rappellera!..... »

Après ce discours, entendez-vous les
cris de vive le roi, vive Henri V, vive la
France retentir dans tout Prague ? me
demanda madame ***. Hélas! non, lui
dis-je.....

— Comment! vous croyez?....

—Je crois que vous avez oublié de con-
voquer à cette *solennité toute poétique* et
d'imagination les souverains étrangers ,
et quoique ce soit d'assez mauvaise grâce
qu'ils aient reconnu Louis-Philippe, ils ne
voudront pas....

— Mais cette reconnaissance de la légitimité est dans leur intérêt.

— Je le sais bien, mais eux ne le savent
plus.

— Vous désespérez donc de la cause
de Henri V?

— Bien loin de là !

— Qui la fera triompher?

— La France..... la France seule.

Voilà, mon cher ami, ma conversation
avec madame ***; je te la mande pour te
faire entendre d'avance qu'il se trouvera
des gens, pensant que vous n'avez rien
fait, si vous n'avez pas, le 29 septembre,

dans la cathédrale de Prague quelque chose qui ressemble aux solennités de Rheims.... Moi, et bien d'autres , nous n'en demandons pas tant, nous voulons seulement que le fils de France soit salué au jour de sa majorité , et nous le voulons pour que ceux des Français qui ont peur du passé, et d'une royauté ancienne, soient rassurés.

Un enfant, ça n'a pas de passé, c'est tout avenir, c'est ce qu'il faut aujourd'hui à un monde qui a peur de tout ce qui est ancien, et qui ne peut se résoudre à vieillir.

Adieu.

HUITIÈME LETTRE.

———

Prague , le jeudi 26 septembre,

Votre voyage va prouver pour la millième fois, que pour bien s'entendre, il n'y a rien de tel que de se voir. M. le duc de Blacas ne croit plus que nous soyons venus ici pour donner des leçons et révolutionner le château , en manière d'hommes de juillet; il nous a compris, et tout s'arrange.

Nous avons encore vu aujourd'hui monseigneur le duc de Bordeaux; il a su que dans le groupe de Français , qui étaient dans le vestibule, il y avait un Vendéen, soldat de la garde, et il est allé tout de suite à lui, lui a donné sa petite main ; puis s'appuyant sur le bras du soldat, il s'est mis à lui parler de *son pays et du courage des bons paysans du Bocage.*

Il y avait grand charme à voir ainsi le fils de Marie-Caroline parler de sa courageuse mère, à un de ceux qui l'avaient défendue : mais la malheureuse heure des leçons vint encore à sonner, et ce jour-là ce fut comme la veille.... Quelques-uns de nous témoignèrent de la surprise d'une si inflexible ponctualité, et quelques heures plus tard, mademoiselle, toujours occupée à ajouter à l'amour que l'on a pour son royal frère, disait : *Oh! n'en veuillez pas à Henri, s'il ne reste pas davantage avec vous. Quand il vous voit ve-*

nir, messieurs, il est aussi heureux que moi.

On parle toujours beaucoup ici, de l'arrivée de M. de Latour Maubourg; quelques personnes craignent que l'affligeant état de sa santé ne le retienne encore quelque temps à Paris. En prenant son auguste élève des mains du baron de Damas, il recevra *déja un prince accompli*; ce mot d'un bon juge (de M. de Châteaubriand), est tout un éloge pour tous ceux qui ont contribué à son éducation. Il faut que ce *prince accompli* soit mis davantage en contact avec la jeune France. Le nouveau gouverneur comprendra cette nécessité mieux qu'un autre, car lui-même, n'ayant point été façonné à la monotonie d'une cour d'exilés, ne voudra pas ajouter pour son élève, les ennuis de l'étiquette aux malheurs du bannissement.

On annonce la prochaine arrivée de
M. l'abbé Frayssinous, de M. le général
d'Haupoult et du comte de Bourbon-Bus-
set, de bien d'autres Français encore. Le
bruit que nous faisons a déja réveillé la
torpeur de la ville; ces bons Allemands
nous regardent avec surprise... En général, je ne parle ici ni des aubergistes, ni
des limonadiers, ni des restaurateurs, ni
des coiffeurs, ni des marchands de gants, ni
des parfumeurs qui y trouvent leur compte;
on nous voit avec plaisir arriver dans la
ville. La famille royale, par ses vertus, ses
bons exemples et ses bonnes actions, a fait
aimer le nom français. L'autre jour, un
vieillard qui ne savait pas un mot de notre
langue, vint à l'un de nous qui n'entendait pas une seule de ses paroles et lui
montrant le vaste bâtiment du *Hradschin*,
lui fit un signe de tête et lui serra énergi-

quement la main: c'était lui dire, vous
venez voir les hôtes de ce grand château,
vous faites bien, ce sont de braves gens!
et vous êtes de bons jeunes hommes de ne
pas oublier le malheur....

Partout, dans la ville, nous recevons bon
accueil.... Aussi je vous assure que beaucoup d'entre nous se regardent ici comme
chez eux. Plus d'un de nos amis s'étonne
que *ces Allemands ne parlent pas tous français; ce serait bien plus commode que leur
patois germanique que personne n'entend.*
Dans les rues les plus à la mode, nous nous
promenons comme au boulevard de Gand;
nous avons déja ici notre *café de Paris*,
et *notre Tortoni*. Pour l'observateur, ce
serait chose curieuse, que de nous voir tous
dans les grandes salles du café le plus en
vogue. Auprès du phlegme allemand,

notre vivacité ressort, et quoique de bonne compagnie, nous semblons avoir le verbe haut, auprès de leur bourdonnement sourd; et puis, à chaque instant, il y a des étonnemens de se revoir, des reconnaissances et des embrassades. Mais ici on n'a pas besoin de se demander, entre soi, *qui vous amène?* c'est une seule pensée, un seul sentiment, un seul hommage.

Vous nous voyez entourant la flamme bleue, vacillante et agitée du punch; tous les verres s'emplissent, se choquent, se vident aux mêmes santés : A celles de nos princes! à la France! et pendant que nous buvons ainsi joyeusement au milieu de nouvelles qui arrivent, se croisent, se contrarient ou se confirment; de couplets commencés et interrompus, d'élans de royalisme, de mots de sentiment et de gais propos , regardez ces graves Allemands avec leurs honnêtes figures pensives , les coudes appuyés sur les petites tables rondes, la pipe à la bouche, le pot de bière près d'eux, et nous contemplant à travers un nuage de fumée de tabac.

C'était bien là, la physionomie de notre soirée du 26; nous étions tous gais et heureux, et chacun de nous redisait l'accueil de bonté que le matin ou la veille il avait reçu au château.

L'un avait des larmes aux yeux, en redisant que le vieux roi lui avait mis la main sur l'épaule, et en lui parlant lui avait dit : *Mon enfant.*

L'autre, qu'il s'était senti trembler de respect en approchant de Marie-Thérèse, comme s'il était venu en la présence d'une sainte du ciel.

Un troisième racontait que le prince que nous avions vu à la tête d'une armée de cent mille Français , allant délivrer Ferdinand , portait aujourd'hui son malheur avec autant de résignation qu'il avait eu de modestie sous les rayons de sa gloire.

Les plus jeunes étaient fous en parlant de la grâce, de l'esprit, de la bonté de *Mademoiselle*. D'elle , chacun avait un mot charmant à redire , une bonne action à révéler.

Et puis, quand on arrivait à Henri V, il y avait un mot dont tout le monde se servait, un mot qui était devenu une épithète obligée, et le refrain de tout le monde : ADMIRABLE ! ADMIRABLE !

Les plus froids (s'il y en avait de froids), disaient : Il serait le fils d'un simple arti- san que l'on remarquerait encore cet en- fant. Celui qui le premier a dit : *Monsei- gneur le duc de Bordeaux est plein d'a- venir* a bien parlé.

Si enthousiasmés du caractère de *Henri*, si ravis des grâces de *Louise*, il était tout simple que l'on pensât beaucoup à leur noble mère. Aussi, le nom de *Madame*, était à chaque instant répété.... On s'en- quérait d'elle, on voulait savoir quand elle arriverait ; on arrangeait de se porter au- devant d'elle, et de la conduire ainsi au Hradschin, en lui formant un brillant cortége. On récapitulait tous les honneurs

qui lui avaient été rendus, et à Palerme,
et à Naples, et à Rome, et à Florence. Et
nous, nous disions : Ici, elle va avoir un
de ces jours qui paient de toutes les peines..
une de ces joies qui effacent tous les pleurs.

Un jeune Français raconta un de ces
traits qui démontrent mieux que toutes les
paroles, la noblesse de notre cause. Allez
donc chercher quelque chose de pareil ,
dans ce parti de cuivre et de sous; dans ce
parti tout matériel, tout positif et tout cal-
culateur; dans ce triste milieu où l'on ne
fait rien pour rien.

M. le vicomte de S. P., avait été assez
heureux dans ces derniers temps, pour
pouvoir offrir pour le service de *Madame*,
la somme de 12,000 fr. A son retour de
Naples, S. A. R., se trouva en position de

rendre cette somme, et voulut la faire compter à M. le vicomte de S. P.

Non, répondit le noble et dévoué serviteur de Madame, cet argent a été prêté et dépensé pour le service du fils de Madame; quand il sera à son château de Chambord, il me le rendra,.... ce n'est point à sa mère à payer ses dettes.

— Vous refusez ? monsieur le vicomte,

— Bien positivement.

—Eh bien, baron de Charette, prenez ces douze mille francs, et portez-les aux Vendéens qui ont le plus souffert pour moi.

— Sa fille a bien ce cœur *Bourbon*, ce

cœur *branche aînée.* Il y a peu de jours, que dans une de ses promenades du matin, avec mademoiselle Le Vachon, elles venaient de descendre de voiture, quand elles virent un peu de mouvement sur le chemin ; elles avancèrent de ce côté ; c'était une pauvre femme, portée sur un brancard par des gens de la campagne,... et à l'entour de cette vieille malade, il y avait de la part des paysans, non-seulement du zèle charitable, mais encore de grandes marques de respect......

En voyant arriver la jeune et jolie princesse, les porteurs du brancard dirent entre eux : Allons, voilà du bonheur qui descend du ciel à la centenaire.... Quand un ange vient au malheur, il faut lui faire place ; et ôtant leurs casquettes, les paysans s'écartèrent pour laisser venir à la malade,

la petite exilée. Et *Mademoiselle* demanda
quelle était cette femme.

Et on lui répondit : *c'est la mère, c'est
l'ancienne de toute la contrée, c'est la
centenaire;* elle a *cent sept ans!*

— Oh ! elle ne serait pas si âgée, qu'il
faudrait la secourir tout de même, s'écrie
Louise de France ; et penchée sur la vieille
malade, elle lui dit en allemand quelques
mots de consolation ; elle ressemblait alors
à un chérubin, soufflant des mots d'espérance au juste qui va mourir.

A peine a-t-elle appris que la pauvre
centenaire vient de se casser la jambe, que,
rapide comme un trait, elle court au château. M. Bougon ! M. Bougon ! crie-t-elle :
venez vite, venez vite ; et sous les arcades

de la cour de Buschtirhad, la voix de la fille du duc de Berry retentit..... M. Bougon l'a entendue, et le voilà déja parti porter les secours de son art. Henri et Louise porteront ceux de la charité, mais aux deux jeunes exilés, il arrive souvent de voir leur bourse à sec et leur trésor épuisé. Entre eux deux, ce qu'ils pourront réunir sera peu de chose. Il faut lui donner un lit! s'écrie Mademoiselle; et elle n'a de repos, que lorsqu'elle a retiré de sa couche un matelas. Son frère, apporte aussi un des siens.... pauvres enfans! ils n'en dormiront pas plus mal,... ils en rêveront mieux.

Tout animés, tout rouges de leur travail, ils couraient rejoindre la centenaire, quand le vieux roi les rencontra dans un des longs corridors du château.

Quelle nouvelle idée vous passe par la tête? demande le vieux roi.

— C'est une nouvelle bonne action qui leur part du cœur, répondit une des personnes attachées à leur éducation... et elle dénonça l'enlèvement des matelas....

Les larmes alors vinrent aux yeux de Charles X; il marcha rapidement jusqu'au bout de la galerie, et se mit à regarder par une des fenêtres, pour apercevoir encore ses petits enfans courant par la campagne, allant et faisant le bien....

Pendant que l'on racontait ainsi chacun son histoire, les Allemands qui se couchent de bonne heure, avaient vidé leurs pipes et s'étaient retirés; nous autres Français, nous restions à l'entour de notre table ronde. Mais notre bruyante gaîté s'était éteinte peu à peu, comme la flamme azurée de notre punch ; nous ne riions plus, mais nous n'en étions pas moins heureux, car nous nous faisions fiers des princes que nous étions venus assurer de notre amour. Nobles enfans ! fleurs de France, qui croissent sur terre étrangère, avec tout le parfum du pays natal.

Adieu, voilà une bonne journée, une de ces journées que vous aimez ; où l'on vit par le cœur : le mien est tout à vous, et à nos amis.

NEUVIÈME LETTRE.

—————

Prague, 27 septembre.

Je me souviens, cher père, que vous m'avez dit souvent, quand on a vu un jour se coucher dans le bonheur, il faut se défier de celui qui se lève pour lui succéder.... Car il y a chance pour qu'il ne ressemble pas à son devancier.

Jour de bonheur n'a pas de lendemain, a écrit le poète..., et le destin vient de prouver que le poète et le proverbe disaient vrai.... Hier au soir, vous savez combien nous avions tous été heureux des arrangemens qui avaient été pris et arrêtés... Nous ne voyions plus d'osbstacles à la réalisation de notre projet. S. M. Charles X l'avait approuvé, et le jour et le moment de l'hommage avaient été fixés par lui.... Ce matin encore nous faisions tous nos apprêts pour la solennité...; nous ne nous abordions qu'avec joie et bonheur; nous nous disions seulement...: Oh! pourquoi faut-il que ce jour-là, ce ne soit pas terre de France qui nous porte, pourquoi alors un ciel étranger sur nos têtes?... C'était un regret, que cette pensée, et pendant que quelques-uns s'y abandonnaient.. une douleur, une affreuse douleur était tout près. On nous annonça tout à coup qu'un message venait d'arriver à Buschti-rhad adressé à Charles X, que ce courrier apprenait que S. A. R. madame la duchesse de Berry était soudainement tombée malade en route et qu'elle ne pouvait plus arriver auprès de ses enfans... et l'on ajoutait qu'aussitôt le vieux roi avait dit : Eh bien ! puisqu'elle ne peut venir jusqu'à eux, il faut qu'ils aillent jusqu'à elle ; moi et ma fille les accompagnerons ; partons dès aujourd'hui......

C'était le 26 ! deux jours avant le jour de la majorité !... Oh ! si ce n'avait pas été Charles X qui eût parlé, il y aurait eu des doutes parmi nous. Déja on rappelait les obstacles que le duc de Blacas avait cherché à susciter pour nous empêcher de saluer en corps Henri V, le jour où les vieilles constitutions françaises le rendaient majeur..; il avait bien, il est vrai, cédé à toutes nos bonnes raisons, mais à la cour (l'exil a encore sa cour) les courtisans ont souvent des arrière-pensées ; plus d'un croyait en

apercevoir dans ce départ précipité.....
mais la diplomatie a ses bornes, et ce
n'est pas M. le duc de Blacas qui aurait
joué froidement avec la douleur et les
inquiétudes des deux enfans de Madame.

Ces nobles enfans, nous les avons vus tout
en larmes, et tout désespérés. Monseigneur le duc de Bordeaux faisait mal à
voir; sa démarche était précipitée, sa parole brève. Il demandait s'il était vrai que
sa mère fût aussi mal, et lorsque quelques
personnes répondaient , nous ne savons
pas, il s'irritait de cette réponse et frap-
pant du pied, s'écriait: *on devrait savoir,
on devrait savoir.*

Mademoiselle était comme folle de douleur, et ne trouvait un peu de calme qu'au-

près de celle qui sait tout consoler parce qu'elle a tout souffert.

Dans ma lettre d'hier, je cherchais à vous peindre les Français à Prague ; je vous disais qu'on les reconnaissait dans les rues, à leur air vif, élégant et léger... Oh ! comme tout est changé depuis douze heures !.... Maintenant c'est à notre douleur qu'on nous distingue. Ce Hradschin, semblable à une ville par son étendue, est tout rempli de nous; c'est devenu notre rendez-vous général... Là, en s'abordant, on n'a plus que ces mots.... *Eh bien ! la voilà malade. Elle n'arrivera pas !.... et la famille entière part !....* A travers ces paroles, il s'en glisse bien quelques-unes de doute et d'incrédulité, mais on y répond par l'assurance positive que M. de Blacas a donnée à plusieurs reprises, *que la ma-*

ladie de madame la duchesse de Berry est assez grave pour nécessiter le départ immédiat de ses enfans.

Cette pensée de danger retombe sur le cœur; on se promène dans les vastes cours, on monte, on descend les grands escaliers, se parlant bas, comme si une sœur était malade!

Dans ce désordre, dans cette affliction, parmi les apprêts de départ, Henri-Dieudonné et Mademoiselle n'oublient pas les Français; la pensée de s'éloigner si vite des compatriotes accourus de si loin pour les saluer dans leur exil, leur est insupportable, et ce n'est pas seulement notre douleur et la leur qui préoccupent les nobles enfans. Non, ils ont entendu dire qu'un ou deux Français qui avaient économisé de loin

pour faire le pèlerinage de Prague ayant
été forcés par les vexations de la police, de
faire de longs détours et des séjours coû-
teux dans plusieurs villes, se trouvaient
gênés, et n'auraient peut-être pas le temps
de recevoir de leur famille l'argent néces-
saire pour le retour, le frère et la sœur ont
voulu venir à leur secours, et pour cela,
ont de nouveau consulté leurs *économies*;
la sagesse, la prudence, une éducation bien
entendue commandent d'en faire, et le baron de Damas et madame la duchesse de
Gontaut ont souvent répété à leurs élèves
que sans économie, sans ordre, point d'é-
pargnes, sans épargnes, pas de générosité,
et sans générosité, pas de vie honorable,
point de vie de prince.... Non, de telles
leçons n'ont pas failli aux enfans du duc de
Berry. Mais le bannissement a sa misère, et
Mademoiselle s'en aperçut. A grand'peine

elle parvint à amasser la somme de mille francs, qu'elle confia à madame Le Couteulx de Canteleu, pour qu'ils fussent offerts en son nom à ceux des Français qu'elle laissait à Prague après elle, et qui appartenaient aux classes les moins aisées.... Ce n'est point encore assez pour son cœur, elle veut nous laisser à tous une marque de son souvenir, et prenant une de ses parures, un collier, elle le brise et en remet les morceaux à madame de Canteleu pour qu'ils soient partagés entre nous tous.... Ils l'ont été, et rien de plus touchant que la distribution qui en a été faite. Un enfant, celui de madame Le Couteulx, appelait tous nos noms, non-seulement ceux des présens à Prague, mais encore ceux de tous les Français qui avaient entrepris le voyage et qui n'avaient pu y arriver ayant été arrêtés ou à la frontière, ou sur la route... Je ne puis

vous dire combien était solennelle cette
espèce de loterie, et comme chacun attendait religieusement que son nom fût
prononcé par la douce voix de l'enfant....
Ce fut le soir, que ce partage eut lieu ;
toute la journée avait été bien doulou-
reuse ; Mademoiselle venait de tomber malade d'inquiétude, et madame de Gontaut voulait la faire se coucher, mais, en-
tendant la voix de quelques-uns d'entre
nous, elle cria à la personne qui défendait
sa porte : *Non, non, laissez entrer ces messieurs ; la vue de nos bons et fidèles amis de
France me fera du bien....*

Et quand nous fûmes admis près d'elle,
elle nous répéta plusieurs fois : *Ce qui me
fait pleurer* (et la petite princesse pleurait
à chaudes larmes), *c'est la pensée que
d'autres Français vont arriver à Prague,*

et que nous serons partis... et que nous ne les verrons pas.... eux venus de si loin.... Puis s'adressant aux personnes qui l'entouraient, elle demandait avec une déchirante expression, *ma pauvre mère est donc bien malade?*

Et on lui répondait: *M. le duc de Blacas a reçu un message qui l'assure....*

Les nobles enfans ne sont pas les seuls qui aient besoin d'être consolés; nous aussi nous méritons quelques paroles rassurantes; une soudaine maladie force ceux que nous venions honorer de si loin, à s'éloigner de nous à la veille du jour fixé pour notre hommage.

Une consolation nous advient; nous apprenons, dans cette journée d'angoisses,

que Mademoiselle a écrit une charmante
lettre à madame Le Couteulx de Canteleu;
tout ce que la bonté a d'expansion, tout ce
que l'esprit a de délicatesse, tout ce qu'un
cœur de quinze ans a de grâce, nous le
trouvons dans cette lettre, la voici:

« Prague , le 26 septembre.

« Chère Madame, je pars, je suis mes pa-
rens, je vais voir ma mère..... Soyez sûre
que je lui parlerai beaucoup de vous, de
votre famille, de M. et de madame de Pigne-
rolles et de tous nos bons amis.... Je regrette de ne pas leur dire adieu, à tous ces
bons Français qui sont venus de si loin, et
qui ont tant fait pour la cause de mon
frère.

« J'ai à vous demander en confidence,

ma chère Madame, de me rendre un grand
service.... Si dans le nombre il s'en trouvait quelques-uns qui fussent embarrassés
pour le moment, tâchez de leur être utile
de ma part; tout ce dont je puis disposer,
je vous le laisse, (ma petite bourse particulière et quelques bijoux); ils ne pourront
refuser une amie.»

Adieu; comptez toujours sur l'affection
de   LOUISE.

Ce n'est pas tout encore; dans la journée
S. A. R. me dit : Je viens d'apprendre que
les dames d'Avranches travaillent à faire
des vêtemens chauds pour donner cet hiver aux détenus du Mont-Saint-Michel;
chargez-vous, M. W. de remettre à ces
dames la somme de cent francs; dites-leur
combien je regrette de ne pouvoir envoyer

davantage... Mais regardez ma bourse, elle est vide à peu près.

Alors, j'osai offrir à Mademoiselle l'humble ouvrage d'une petite fille de Rouen, élève des écoles gratuites de nos bonnes sœurs; c'était une bourse tricotée en perles. La jeune princesse l'accepta, en disant: *Elle va devenir ma bourse de voyage, et si jamais je retourne à Dieppe, en passant par Rouen, je lui montrerai que j'ai gardé* son souvenir...... *Oh! tout ce qui me vient de France, m'est si cher et si précieux, que je n'en perds jamais rien.*

Après avoir pensé aux détenus du Mont-Saint-Michel, la noble fille de Madame, ne pouvait oublier les pauvres de Dieppe; elle me remit aussi cent francs pour eux !

J'ai souvent vu, que lorsque l'on avait l'honneur d'approcher des princes, on revenait d'auprès d'eux, avec quelques faveurs. J'ai obtenu de ceux que je venais voir, ce que j'ambitionnais le plus, l'occasion de distribuer des bienfaits en leur nom, et de faire ainsi encore bénir leur mémoire.

M. de Philibeaucourt a eu aussi le même bonheur que moi; Mademoiselle lui a aussi remis cent francs pour les détenus de Sainte-Pélagie..; d'autres d'entre nous ont été chargés *des messages de Henri V;* c'était encore des bienfaits !

Tous ces traits de bonté nous touchaient, mais ne nous consolaient pas; parmi nous tous, il y avait plus que de l'inquiétude; la famille royale allait partir; les promesses faites par M. le duc de Blacas, les arrangemens pris avec lui, qu'allaient-ils devenir?... Vous savez comme les têtes françaises vont vite! vous savez combien la patience est peu à notre usage....

Je laisse ma lettre ouverte... je retourne au Hradschin; c'est là où l'on peut savoir quelques nouvelles.... On dit M. de Châteaubriand arrivé: si c'est vrai, nos affaires iront bien. M. de Châteaubriand n'est plus seulement une des gloires de la France, il en est devenu une de ses *indispensabilités*; il a beau prendre des années, il reste à jamais *jeune France*. Le génie ne vieillit pas, et c'est avec espoir que nous nous serrons à l'entour de lui.

Le prince et la princesse de Beaufremont viennent aussi d'arriver...

On se souvient du dévouement de ces nobles personnages ; on n'a point oublié avec quel empressement la jeune princesse de Beaufremont quitta Paris, lorsque Madame témoigna le désir de l'avoir auprès d'elle. La fidélité, la constance sont choses si belles, qu'elles savent encore embellir la grâce, et jamais la fille des Montmorency n'avait brillé de plus d'attraits que lorsqu'elle s'éloigna de sa famille pour aller chercher dans la prison la princesse qu'elle avait accompagnée dans ses palais; aussi c'est de la joie qu'inspire sa venue parmi nous; c'est une amie de plus pour ceux que nous aimons.

Adieu, je laisse ma lettre ouverte, je la reprendrai demain.

Prague , 27 septembre.

Voici venu le grand jour ! oh ! comme mon sang coule vite... comme le cœur me bat !

Dans deux heures, nous serons en présence de *celui* que tout Paris courut voir dans son berceau, de *celui* que *Dieu* nous *donna* à tous, il y aura après demain treize ans !

De *celui* qui devrait être le plus heureux des jeunes hommes du siècle, si le ciel exauçait toujours les vœux et les prières ;

.

De *celui* qui, en naissant, eût été étouffé sous des millions de sermens d'amour et de fidélité, si aujourd'hui les sermens étaient de quelque poids, si les protestations pesaient quelque chose ;

De *celui*, enfin, dont le berceau était tout près du trône, et qui grandit, aujourd'hui, sous un toit étranger, un toit d'exil, à trois cents lieues de la patrie!....

Toutes ces pensées se saisissent de moi; à travers des larmes d'émotion, je vois les grandeurs du passé, les misères du présent, les espérances de l'avenir,.... tout cela sur une si jeune tête! tant de destinées sur un roseau!... Mais le roseau

devient chêne, quand Dieu le veut......
partons donc, et marchons le front plus
haut que si nous allions saluer la prospérité, car, en vérité, il y a quelque chose
de mieux qu'elle.

Depuis que je suis hors de France, depuis que je suis à Prague surtout, j'é-
prouve, en vous écrivant, une contrariété
continuelle. Les choses qui vous faisaient le
plus de plaisir, il faut que je vous les
taise, car ce *timbre de Prague* éveille les
regards de la police, et cette police ne lira-
t-elle que le *timbre?*

Non, je le crains bien; aussi, j'éloigne-
rai de notre correspondance, tout ce qui
serait de nature à effaroucher le pouvoir......

Pour cela, ne croyez pas que vous ne sachiez rien ; les paroles que nous prononcerons ici, l'histoire les redira ; ce serait vraiment un double emploi que de vous les transcrire. Aujourd'hui il y a tant d'oreilles qui écoutent, tant d'échos qui répètent, que l'on a chance pour ne rien ignorer....

A cinq heures ce matin, nous, jeunes Français, nous étions au Hradschin, car si nous pensions que vers le milieu du jour, nous aurions le bonheur d'être admis auprès de Henri V, nous savions que nous aurions la douleur de voir s'éloigner madame la Dauphine et MADEMOISELLE, et nous voulions tous prendre congé d'elles.

Les deux princesses daignèrent nous recevoir, et, à leur départ, comme à notre arrivée, elles furent remplies de bontés pour nous.

Ni l'une ni l'autre ne cachaient leurs regrets de quitter Prague, mais c'était une sœur qui allait voir sa sœur, une fille qui allait embrasser sa mère.

La tristesse de cette absence n'avait rien diminué de leur bonté, et Marie-Thérèse voyait avec plaisir la grâce que mettait sa nièce à faire ses adieux aux Français.

On sentait bien que la jeune princesse jugeait nos cœurs d'après le sien, et comme il était triste de s'éloigner, elle devinait que nous étions tristes de la voir partir !

C'est au milieu de ces apprêts d'éloignement si sombres toujours, et surtout dans l'exil, au milieu d'adieux dont le souvenir ne s'effacera jamais chez ceux qui en ont été témoins , que nous eûmes l'honneur d'offrir à Mademoiselle les dons que lui avaient envoyés, et les royalistes de l'arrondissement de Dieppe et d'autres Français.

Ah ! s'il était bien d'adresser ces tributs d'hommage à la jeune exilée, il était bien, il était mieux encore de les recevoir comme elle les a reçus ! Jamais souvenir de fidélité ne fut accueilli avec une grâce si touchante, et certes l'on pouvait être fier et heureux des dons que l'on remettait, en voyant la manière dont ils étaient acceptés.

Quand j'offris à Mademoiselle un colfret d'ivoire d'un admirable travail, où ses amis de Dieppe avaient inscrit :

Speriamo, giaché la speranza sola puo sostenerci in vita.

Légende que S. A. R. leur a donnée; ses yeux s'emplirent de larmes, et c'est d'une voix émue que Mademoiselle me dit :

Oh ! remerciez, remerciez bien ceux qui pensent ainsi à moi; je leur écrirais bien tout de suite pour leur en témoigner ma reconnaissance , mais je suis si triste du départ, que ma lettre s'en ressentirait et que ma tristesse les affligerait.

Quand Mademoiselle eut ouvert la jolie boîte ouvragée, quand elle y eut trouvé des dentelles de la manufacture, où dans

son enfance elle aimait tant à aller, elle fut
tout heureuse d'apprendre que cet établissement prospérait, grâce aux encoura-
gemens que ne cessent de lui donner tous
les amis de Madame.

Auprès de ces dentelles faites par les
mains délicates de petites filles, qui enten-
dent souvent parler d'orphelins exilés, un
de nous eut l'honneur de présenter à
S. A. R. un ouvrage d'un autre genre, et
fait par d'autres mains.

De rudes mains de soldats prisonniers,
des mains habituées à tenir le mousquet ou
le sabre, avaient ouvragé la corbeille qui lui
fut offerte après le coffret d'ivoire. D'autres hommages suivirent encore ceux-ci, et
pour tous Mademoiselle eut de grands
remercimens.

L'heure du départ venait de sonner à l'horloge du Hradschin. Le temps marche pour les princes comme pour les autres hommes, et madame la dauphine, fâchée de s'éloigner de Français venus de si loin pour voir sa royale famille, cherchait, par un redoublement de bonté et de paroles prévenantes, à diminuer la douleur que nous ressentions tous.

En montant en voiture, la grande et la petite exilée ne voulurent pas que leur dernier mot fût *adieu. Au revoir! au revoir!* dirent-elles, en nous faisant encore signe de la main.

Au revoir! au revoir! répétâmes-nous, et je sais pour mon compte qu'en prononçant ce mot, je me di-

sais à part moi : Oui , nous les reverrons ,
et ceci ne peut être une séparation sans
fin!....

DIXIÈME LETTRE.

———

27 septembre au soir.

A NEUF heures ce matin, un grand nombre de voitures roulaient sur la route désolée de Buschtirhad. Ce n'est pas tout exilé qui peut se vanter de voir ainsi une cour aller vers lui; que l'on ouvre les annales de l'histoire, que l'on cherche les grandes infortunes royales, que l'on compte les honneurs rendus à l'adversité, et que l'on nous dise si l'hommage que nous allions porter à trois générations de rois, est un hommage et commun et banal?

Oh! non, ce n'était pas spectacle ordinaire que celui-là.

Cette file de voitures, ces nombreux jeunes gens, ce bonheur, cet enthousiasme, cet attendrissement qui se voyaient, qui se trahissaient dans toutes nos paroles, ces reconnaissances qui se faisaient là sur la route; car beaucoup d'entre nous ne prenant pas le temps d'aller jusqu'à Prague, se sont joints tout de suite au cortége fidèle, et ce n'est que rendus à Buschtirhad que nous avons pu voir de combien de points de la France, le dévoûment était venu saluer, au jour de sa majorité, le fils de l'héroïne et du martyr.

Il était midi: M. le baron de Damas nous fit prévenir chez M. de La Villatte, où nous nous étions rendus, que le prince

allait nous recevoir. M. de Damas vint au-
devant de nous pour nous introduire auprès de son royal élève.... Il y a des choses
dont le cœur se souvient tant qu'il lui est
donné de battre; il y a des émotions que
le temps ne peut user, et pour lesquelles
la langue et la plume ne trouvent pas de
paroles.... Le sentiment que nous éprou-
vâmes tous alors, est de ce nombre; tous en
silence nous suivions l'ex-gouverneur du
prince, que nous venions saluer d'un titre
qui ne lui avait point encore été solennel-
lement donné.

Nous voici en face de la triple majesté,
de l'innocence, de l'exil et de l'infortune;
celle de la *prospérité* peut avoir plus d'ap-
parat, plus de pompe, plus de magnificence; mais elle saisit moins le cœur, mais
l'hommage qu'on lui rend est moins

saint que celui que nous apportions à l'exilé.

Quand nous entrâmes dans l'appartement du prince, il était debout, vêtu d'une redingote de velours vert; une fraise à la Henri IV accompagnait bien le bas de son visage; en tout, il était semblable au portrait que vous verrez plus tard, et que Grèvedon a dessiné avec un admirable talent.

Comme dans ce portrait, le regard de Henri était fier, doux, élevé tout à la fois! ses yeux nous suivaient tous, et cherchaient à nous reconnaître; sa bouche, la rougeur de ses joues trahissaient l'émotion de son ame; et, en effet, l'émotion qui l'entourait, l'émotion qui nous agitait tous, était partie de nos cœurs pour aller au sien.

Quand nous eûmes formé un demi-cercle devant le prince , quand nous fûmes tous immobiles…, oh! alors, quel solennel, quel imposant silence, et comme celui chargé de porter la parole se sentit fier d'une si belle mission !

A lui était donné de dire le premier, de dire avant tout autre , et pour que le souvenir en reste à jamais :

« Le malheur a eu beau vous frapper ,
« vous enlever toute puissance , vous
« pousser hors de la patrie , vous faire
« grandir dans l'exil, nous venons au jour
« de votre majorité, vous assurer que vous
« n'en êtes que plus sacré pour nous : car
« aux cœurs comme les nôtres, une noble
« infortune ne fait que river davantage le
« dévoûment et la fidélité. »

Tel fut le sens du discours prononcé....

Je vous ai redit combien celui qui avait porté la parole avait été profondément ému.

Dans la réponse que fit Henri V, malgré l'assurance, la noblesse de son attitude, dans sa voix, l'émotion se révélait aussi.

Son regard et sa parole s'adressaient à nous tous, et tant que nous vivrons, nous garderons le souvenir de l'accent qu'il a mis en prononçant ces dernières paroles de sa réponse.

« Soyez-en persuadés, Messieurs, je sais apprécier les motifs qui ont inspiré votre démarche; il me sera doux de conserver vos noms et plus encore, de vous montrer

un jour que je n'en ai pas perdu le souve-
nir. »

Alors les voûtes de Buschtirhad, les voûtes du palais étranger ont retenti d'un
vieux cri français : Henri V y a répondu
par un cri de *Vive la France* !

J'aurais voulu tenir parmi nous, un ennemi de cette royale race ; j'aurais voulu
lui montrer ce jeune prince si *animé* de
notre *animation*, si *heureux* de notre *bon-*
heur, si *compatriote* de nous tous, et j'aurais dit à ce partisan d'une autre branche :
Où trouverez-vous plus de franchise, plus
de loyauté que dans celui que vous voyez
ici ?

A tel qui a vieilli au milieu de nos dis-
cordes et de nos haines, de nos torts et de

nos malheurs, vous pouvez avoir à adresser quelques reproches; mais à qui n'a pas de passé, quelle faute pouvez-vous lui imputer?

Dans un cœur aussi jeune, la haine et la rancune n'ont point encore pris place. Ces épines de la vie ne viennent qu'avec le temps.

Après cette explosion d'amour et d'enthousiasme, nos amis vinrent successivement mettre aux pieds du prince de l'exil les souvenirs de la patrie absente.

M. de Philibeaucourt s'avança le premier et lui offrit une médaille d'or frappée tout exprès pour perpétuer le souvenir de cette journée d'hommages.

Après lui, M. de Nugent fit agréer, de la part des royalistes de Paris, des éperons d'or.

En troisième, je vins, à mon tour, présenter, au nom des légitimistes de l'arrondissement de Dieppe, à Henri V, une statue de Henri IV avec Rosny à ses pieds; ce groupe d'un travail admirable est un des ouvrages qui fait le plus d'honneur au talent de M. Blard; le petit-fils du Béarnais en admira tous les détails, et c'était touchant de voir le jeune prince contempler long-temps les traits de son aïeul!

Oh! me dit-il, *je vois avec grand bonheur que les habitans de Dieppe ne m'oublient pas; j'en suis heureux, car ma mère m'a appris à les aimer.*

Vint ensuite une épée d'or, offerte par M. de Mey, au nom des royalistes de Paris.

Puis une aigrette, envoyée par les mêmes; enfin divers produits de nos différentes villes.

L'Écho de la jeune France avait chargé l'un de nous de remettre, au nom de trois mille sept cents de ses abonnés, le portrait que son comité a publié le 29 septembre, pour rappeler les traits de celui qui, ce jour-là, atteignait sa majorité.

Nous fûmes alors à même de voir que le portrait était ressemblant, car il y avait dans la physionomie du fils de Marie-Caroline, l'air franc et ouvert qui se retrouve dans la lithographie, qui deviendra populaire.

Bien d'autres détails devraient peut-être vous être décrits, car vous m'en demandez beaucoup ; mais je vous avoue que j'étais si occupé de LUI, que je voyais mal toute autre chose.

C'est avec un entraînant abandon qu'il s'est mêlé à nous tous, qu'il nous a pris et serré la main, qu'il nous a parlé du bonheur d'être entouré de Français, d'être pressé par eux. *Ah,* disait-il, *je respire bien au milieu de vous, Messieurs; ça me fait, pour un instant, comme si j'étais en France; c'est une grande joie que de voir des amis, et, vous le savez tous, ceux de ma mère sont les miens.*

En parlant ainsi, il s'adressait aux gens qui avaient défendu madame la duchesse de Berry dans les champs de la Bretagne et de la Vendée.

Souvent, nous le savons, de longs discours ne disent rien ; dans quelques positions qu'il se trouve, Henri V ne les aimera jamais ; il aura des mots heureux, mais brefs ; des regards, des gestes qui exprimeront mieux que de longues phrases ce qui se passera au fond de son ame.

Il suffit souvent d'un jour pour révéler toute la vie d'un homme ; je ne me fais pas prophète, mais j'ose prédire que le fils du duc de Berry sera franc, loyal et courageux comme son père, entreprenant, actif, infatigable, énergique comme sa mère.

Apprenant que M. de Chateaubriand venait d'arriver à Buschtirhad, il nous dit : *Au revoir, Messieurs; mais voilà quelqu'un qui arrive, que vous aimez tous, un ami dévoué, un ami de ma mère, M. de Cha-*

teaubriand ; vous ne m'en voudrez pas de
vour quitter pour courir à lui.

Et il descendit rapidement l'escalier pour
aller vers le serviteur dévoué et infatigable
de la monarchie et de la France.

Et ce fut avec plaisir que nous vîmes
s'entretenir ensemble le jeune prince et le
vétéran de la légitimité, et l'enfance et le
génie.

Sortant d'avec M. de Châteaubriand, et
après être allé parler de son illustre mère
avec le prince et la princesse de Beaufremont, Henri V monta à cheval. Là nous
le saluâmes encore de nos acclamations,
et il y répondit par le cri de *vive la France!*
car il faut que les ennemis de nos Bourbons le sachent, ils ont eu beau élever

sur le sol de France des échafauds pour
Louis XVI, pour Marie-Antoinette, pour
madame Élisabeth ; ils ont eu beau apprê-
ter le poison de Louis XVII, charger les
mousquets de Vincennes, aiguiser le poi-
gnard de Louvel, remuer les pavés de
juillet, insulter aux cheveux blancs de
Charles X, tordre la cravatte du duc de
Bourbon, emprisonner la veuve du duc
de Berry, outrager les sublimes vertus de
notre Marie-Thérèse, ils ont eu beau
tourmenter les jours des Bourbons vivans
et insulter aux cendres des Bourbons
morts, il n'y a dans le cœur du descendant des Bourbons qu'amour pour le pays,
il n'y a qu'un cri qui s'échappe de sa
jeune poitrine, et ce cri est : VIVE LA
FRANCE !

ONZIÈME LETTRE.

Prague, 1er octobre 1833.

Avant-hier, nous avons eu le chagrin de voir s'éloigner l'auguste princesse que les Français aiment à contempler au milieu d'eux comme une de leurs grandeurs, comme une de leurs gloires... et ce départ que je vous ai raconté dans ma dernière lettre, cher père, ne devait pas être le seul; Charles X et son petit-fils suivirent de près madame la dauphine et Mademoiselle... Tous avaient hâte d'arriver auprès de Madame, retenue à Léoben; tous devinaient ses droits maternels; tous

se seraient reproché d'affliger par un re-
tard ce cœur si noble et qui avait tant
souffert !

Ah ! la vue de ses enfans allait lui payer
au centuple toutes ses angoisses, toutes
ses peines, toutes ses fatigues et tous ses
dangers ; car c'est ainsi qu'est fait le cœur
d'une mère ; la main d'un enfant qui le
presse en ôte toute amertume, en chasse
toute douleur.

Quand nos Bourbons furent partis de
Prague, la ville nous parut comme dé-
serte ; la solitude du Hradschin, de cet immense palais, nous sembla bien plus profonde..... Pour animer cette vaste habitation, qui, à elle seule, a l'air d'une ville,
par la multiplicité et l'étendue de ses
cours et de ses bâtimens, il faudrait un

train à la Louis XIV..... et Dieu sait que les exilés en sont loin !

Dans le palais fondé par Wenzel, rebâti par un prince Charles, sur le modèle du Louvre, habité par l'empereur Rodolphe II, restauré et fini par Marie-Thérèse, la majesté du fils du grand roi, c'est celle de la vertu et des grandes infortunes. Les souvenirs glorieux, voilà leur auréole ; quelques amis, voilà leur cour ; quelques serviteurs fidèles, voilà leurs gardes ; des bienfaits, voilà leurs plaisirs !

Maintenant qu'ils sont partis, j'ai le temps de regarder et d'examiner la ville ; je vais essayer de vous en donner une faible idée.....

Le Hradschin, tel qu'on le voit aujourd'hui, ne remonte pas au-delà du règne de Marie-Thérèse, qui le fit construire sur un dessin de Barrosty; il ne fut achevé qu'en 1774, par Lurago.

Quand l'immortelle mère de Marie-Antoinette faisait élever ce palais gigantesque, elle était loin de prévoir que le dernier séjour de sa fille, si belle, si recherchée de tous les rois, serait la prison du Temple, et qu'un jour les voûtes du Hradschin seraient l'asile de sa petite-fille, d'une autre femme forte comme elle, d'une autre Marie-Thérèse.... Oh! non, la couronne ne donne point à ceux qui la portent, la vue de l'avenir, et s'il est bien que nous, simples hommes, ne voyions pas trop loin devant nous, c'est peut-être encore mieux pour les rois; car tant de malheurs, tant de tromperies, tant de trahisons, tant de révolutions composent leurs destinées, qu'il vaut mieux qu'ils les ignorent..... Si le cercle d'or en vous ceignant le front, vous révélait à la fois tous vos jours... ah ! personne n'en voudrait.

La main se sècherait en touchant la couronne [1],
Si Dieu nous révélait à quel prix il la donne.

c'est-à-dire, que ceux qui sont nés pour porter ce brillant fardeau, doivent en détourner la tête.... Non, non, ce n'est pas parce que la bataille sera chaude, que le grenadier ne se coiffera pas de son bonnet à poil ; au contraire, en raison du péril augmentera l'honneur.... Il en est de même pour les rois ; aujourd'hui, les trônes attaqués de toutes parts ressemblent *à une*

[1] Ducis.

brèche que les princes sont chargés de défendre ; si la révolte les en a fait tomber, il
est de leur devoir de chercher à y remonter pour repousser l'ennemi.

Que penseriez-vous du soldat , qui,
après avoir été jeté à bas de son poste
d'honneur, dirait : Je ne veux pas y remonter; il y a trop de dangers là-haut; j'aime
mieux retourner au village ; là, j'aurai de
l'ombrage et de la paix.

La couronne veut autant de courage
que le casque....

Ne vous étonnez pas de ces longues réflexions; cette royale solitude du Hradschin
inspire de graves pensers, et Prague a un
caractère sévère et sérieux..... La vieille
cité a vu de formidables armées, et les

boulets ennemis sont incrustés dans ses murailles, comme des décorations d'hon—neur.

Dans une des vastes cours du palais, cours qui semblent des places publiques, tant elles sont spacieuses, s'élève la cathédrale ; elle porte encore dans son architecture des traces de batailles. Les habitans de Prague n'ont pas voulu les faire disparaître ; ils en sont fiers comme un vieux soldat l'est d'une belle balafre ; on montre les autels, où les prêtres ont été tués célébrant les saints mystères, pendant la guerre de sept ans.

Dans cette même église se voit le magnifique tombeau du patron de la Germanie *Saint-Jean Népomucène*. Jamais *saint*, dans aucun pays, n'a été aussi populaire que ce discret confesseur, qui souffrit le martyre pour ne pas révéler la confession de sa royale pénitente. En vain l'empereur Boleslas le fit venir devant lui, et lui commanda de redire ce que la reine lui avait confié au tribunal de la pénitence, Jean Népomucène refusa; les menaces, les promesses ne purent lui arracher une parole, et, du haut du pont qui traverse la Moldaw, il fut précipité dans les ondes!..... Plus tard, cinq étoiles miraculeuses indiquèrent l'endroit où était tombé son corps. De pieuses ames l'en retirèrent et le portèrent dans l'église, où il repose encore aujourd'hui, sous un riche monument d'argent, devant lequel brûlent sans cesse vingt-quatre lampes du même métal.... Au-dessus du tombeau, est appendu un dais en étoffes de Lyon; plus de sept cents aunes sont employées dans ces longues draperies, et l'on estime à plus de cinquante mille francs les franges d'or qui les bordent !

On fait aussi voir aux étrangers qui visitent la cathédrale, la chapelle de S. Wenceslas, un sarcophage qui contient les restes de cinq empereurs; Charles X prie souvent devant cette chapelle funéraire, et alors la pensée de S.-Denis doit lui venir.... Son fils et ses frères l'y attendent... Cette chapelle a tout un pan de sa muraille incrusté de pierres et de marbres précieux, d'améthystes surtout. Avant de finir l'énumération de toutes les merveilles du Hradschin et de la cathédrale, il faut que je vous dise que le palais compte quatre cent quarante appartemens. La salle du Couronnement est aussi fort remarquable.

Des hauteurs occupées par cette vaste résidence des rois, l'aspect de la ville est des plus pittoresques : tout Prague s'étend par étages au-dessous de vous, avec ses toits d'un rouge vif, ses cent clochers et son large fleuve, qui coule majestueux et paisible comme une large voie d'azur entre toutes les habitations de formes bizarres et de couleurs variées.

Comme un chemin de prédilection, comme un musée de statues, comme un sentier du ciel, le fameux pont si aimé des habitans de Prague étend ses seize arches sur les eaux de la Moldaw.

C'est là où se montre la piété des catholiques de la Bohême, à l'endroit même d'où S. Jean Népomucène fut précipité dans le fleuve ; là où son pied a touché terre pour la dernière fois avant d'être lancé dans l'éternité, est une plaque de marbre que chaque passant touche avec dévotion et respect, faisant le signe de la croix et saluant profondément quand il arrive devant la statue du patron ven-déen du royaume.

Un calvaire, une descente de croix, des groupes d'anges et d'archanges, des. figures de religieux levant les mains au ciel, et de saints évêques bénissant le peuple qui passe, s'élèvent à droite et à gauche de ce pont, qui a plus de dix-sept cents pieds de longueur.

Dans je ne sais plus quelle émeute, les Juifs arrachèrent la croix du calvaire du pont, et avec son beau Christ sculp-té, la jetèrent à l'eau.... Depuis, toute

la population juive fut bannie de Prague.... Pendant longues années, ils n'o-
sèrent y revenir...; enfin, à force d'argent, ils obtinrent la permission d'habiter
de nouveau la capitale de la Bohême, mais
à une condition : on exigea d'eux qu'ils
fissent refaire une haute croix, avec une
image du Christ, ouvrage d'un habile
sculpteur.... et qu'au lieu d'une couronne
d'épines semblable à celle que leurs pères
avaient placée sur la tête du Sauveur, ils
missent, eux, une couronne royale en or
massif, et que les clous et des pieds et des
mains fussent également d'or....

Les Juifs de ce temps-là étaient comme les
juste-milieu d'aujourd'hui; quand ils trouvaient à faire de bonnes affaires, l'hypocrisie
ne les retenait pas, et pour pouvoir ven-
dre avec avantage un vieil habit, ils ne de-

mandaient pas mieux que de faire des gé-
nuflexions devant un Dieu qu'ils ne re-
connaissaient pas....

Sous la restauration, nous avons vu
leurs émules honorer aussi des rois qu'ils
détestaient, et ne leur donner que des
baisers de Judas....; mais la feinte leur
était facile, car elle devait leur rapporter
beaucoup d'or.

Beaucoup de moines de différens ordres
se voient dans les rues; je leur trouve
moins de caractère qu'à ceux d'Espagne.

Ceux-là me semblent plus *civilisés* que
leurs frères du Midi, par conséquent,
moins poétiques que les fils de saint
Jacques et du Carmel.

Un de ces moines, vieil émigré français, auquel la religion a fait une patrie en Bohême, ressentit une grande joie en nous voyant, tous jeunes légitimistes animer un peu la monotone tranquillité de la ville ; ce fut lui qui me montra deux vieilles tours ; l'une que l'on nomme Daliborka, ou tour blanche, servit de prison au roi Wenzel, en 1402. Elle était particulièrement réservée aux prisonniers de grande naissance, aux illustres criminels d'état.

L'autre était appelée Mitrulka, ou tour noire ; ceux qui y entraient n'en ressortaient jamais… ; c'était un effroyable sépulcre, une autre prison d'Ugolin ; on y était toujours condamné à mourir de faim.

On raconte qu'un prisonnier y étant renfermé, vécut long-temps, et cependant, depuis bien des mois, ses geôliers ne lui avaient pas donné une seule once de pain... Dans le pays, on commençait à dire que c'était un ange qui descendait du ciel pour le nourrir, parce que c'était un juste persécuté. — Cet ange..., c'était sa femme, qui était devenue un archer habile; chaque nuit, le captif faisait un instant briller sa lampe près de l'étroite lucarne de son cachot, aussitôt l'épouse fidèle décochait plusieurs flèches. Chacune d'elles portait une *bouchée* de nourriture à celui qui était condamné à mourir de faim. Ainsi, pour nourrir son mari, cette femme était devenue aussi habile que Guillaume Tell, pour enlever la pomme de dessus la tête de son fils... Ah ! l'amour conjugal, l'amour paternel, tous les autres amours

sont de bons maîtres. L'on devient ingé-
nieux quand on les écoute.

Parmi les environs de Prague, un des
lieux le plus fréquentés, est le *Boubetche*,
maison de campagne du comte de Cottech,
gouverneur de Prague, homme que tous
les Français doivent aimer : car nul ne
sait mieux que lui honorer les royales infortunes de nos princes.

Cette jolie demeure, par ses jardins,
l'élégance et le bon goût qui y règnent, est
tout-à-fait digne d'être visitée par les étrangers [1].

[1] J'emprunte aux tablettes d'un de mes amis les
notes suivantes qu'il adresse aux journaux royalistes.

« Prague est une ville de 120,000 ames , ville

Comme un des traits de la physionomie de Prague, je voulais vous vanter

d'industrie et de science, qui, en fait de civilisation,
n'a rien à envier à aucune capitale de l'Europe. Aux
portes de la ville est un chemin de fer, qui traverse
toute la Bohême et donne la plus grande activité à
son commerce. Il y a des ponts suspendus sur la
Moldaw et sur d'autres rivières. Prague possède
onze bibliothèques ouvertes au public ; elles sont
très riches en manuscrits et en vieilles éditions ; les
livres modernes n'y sont pourtant pas oubliés, et
j'y ai remarqué les ouvrages de M. de Humboldt et
de Cuvier. Le musée national, le conservatoire des
arts et métiers, le cabinet d'histoire naturelle, le
cabinet de physique et de chimie offrent de grandes
ressources à qui veut s'instruire. Les magnifiques
galeries de tableaux et de statues des palais Nostitz
et Kinski donneront à notre Henri le goût des
beaux-arts qu'il doit un jour protéger. Dans l'ob-
servatoire de Tycho-Brahé on lui dira qu'une des
plus belles gloires des rois est de savoir apprécier le
mérite des savans. Henri peut s'instruire dans l'art

sa propriété, mais cette *demi-vertu*, ce *luxe* de ceux qui ne sont pas riches, *la*

de la guerre, en étudiant sous les murs de Prague les campemens du grand Frédéric et ceux des Français qui assiégèrent et prirent la ville.

« Il y a à Prague trois grands colléges, un institut polytechnique, une école d'artillerie, une académie de musique, un jardin botanique dont les serres sont admirables. La société des *Amis des arts* a établi une galerie de peinture. La société d'encouragement pour l'agriculture distribue des prix annuels. La ville possède un cabinet qui contient six mille médailles.

« On compte à Prague 35 peintres, 14 sculpteurs, 12 graveurs, 11 imprimeries, 4 presses lithographiques et 30 magasins de librairie; il s'y imprime six journaux, dont l'un est en langue bohème.

« J'ai remarqué 29 magasins de cristaux : l'art de

propriété est à l'usage de toutes les contrées du Nord que nous venons de parcourir.....

graver et de peindre sur verre est cultivé ici avec beaucoup de succès. Sans les absurdes prohibitions des douanes françaises, nous aurions rapporté des échantillons très curieux, et d'après lesquels nos artistes auraient pu facilement se faire une juste idée de cette branche d'industrie et la naturaliser chez nous. Les cristaux coloriés produisent un effet admirable ; on dirait des vases d'émeraude et de rubis.

« Enfin la ville possède, indépendamment du Hradschin, 19 palais dont l'architecture est remarquable.

« Il existe à Prague 18 établissemens de bienfaisance et d'utilité publique, y compris les hôpitaux, un institut pour les sourds-muets et un autre pour les jeunes aveugles. Les cabinets d'anatomie et de physique sont ouverts aux étudians. L'hôtel-de-ville renferme une intéressante collection d'antiquités

Oh! que je souhaiterais aux plus grands hôtels de nos plus grandes villes un

et de manuscrits; on trouve dans plusieurs palais des collections d'objets d'art et d'histoire naturelle; les collections des minéraux du comte Pötting et du comte Hartmann sont les plus remarquables.

« L'université de Prague, quoique déchue de son ancien éclat, compte encore beaucoup d'étudians, puisque, dans la guerre contre Napoléon, elle a fourni 800 volontaires aux armées allemandes. Cette université est encore divisée, comme autrefois celle de France, en quatre facultés : théologie, jurisprudence, médecine et philosophie ; mais on y a ajouté trois cours que les étudians sont obligés de suivre : cours de mathématiques, cours de physique expérimentale, cours de philologie grecque et latine. Il y a aussi des cours que les étudians suivent à volonté ; ce sont : un cours d'histoire naturelle, un cours d'histoire générale, un cours d'histoire des états autrichiens, un cours d'astronomie théorique et pratique, un cours de littérature classique, peu de cette propreté que nous rencontrons en Allemagne et en Bohême, dans la plus petite auberge du plus petit village.

un cours d'esthétique, un cours de diplomatie; enfin, des cours de langues et de littératures bohème, italienne, française et anglaise. J'ai assisté à une leçon du cours de littérature française; il y avait environ trois cents auditeurs dans le salle; le professeur expliquait Corneille, et les beaux vers du Cid et de Cinna ont été fort applaudis. Toutes les places de professeur se donnent au concours.

« Il faut que Prague offre bien des ressources scientifiques, puisqu'un des professeurs les plus distingués de la Suisse, M. Agassi, qui, jeune encore, s'est fait un nom dans l'Europe savante et a mérité les éloges de Cuvier, vient de s'établir pour quelque temps à Prague afin d'y continuer ses recherches et de se livrer à des travaux importans. »

Le café des Bains, à Prague, *reluit* de tout cet avantage; sous ce rapport, il ferait honte au *café de Paris;* c'est là que nous avons tous déjeuné, le 29 septembre.

Vraie fête française, chômée par des cœurs français, sous un ciel étranger; et ne croyez pas que la distance ait refroidi notre royalisme....., au contraire, aux ames froides, aux esprits qui ont de la tendance à se matérialiser dans *l'ignobilité* du positif, à ceux qui, ainsi que l'a dit le grand peintre du siècle, *se ratatinent dans leurs intéréts*, je dirais : Allez voir nos princes ! allez voir comme les étrangers les vénèrent; allez voir comme ils sont *Français*, comme ils aiment la patrie d'où ils sont bannis !

Certes, sous aucun toit de France, vous ne pourriez jamais trouver plus de respect, plus d'amour, plus d'enthousiasme pour Charles X et pour Henri V, qu'il n'en éclatait avant-hier, dans la grande salle de l'hôtel des Bains de Prague...

Là, une *petite France*, toute franchise, toute amour, toute dévoûment! Là, les images de ceux que nous aimons! les images du frère et de la sœur!

Là, la majesté et la grâce!

Là, les souvenirs et les espérances! Là, avant tout, l'amour de la patrie!

Oh! je me souviens bien des fêtes de 1815, des fêtes du baptême, des fêtes de la Vendée, quand les deux sœurs héroïnes y vinrent; eh bien! notre fête de Prague a été moins brillante, sans doute, mais non moins noble que toutes celles que je viens de vous énumérer; pour venir à celle-ci, il avait fallu faire bien des pas à travers les distances.

Oh! c'est quand on est loin du pays, que les choses du pays vous ravissent, vous transportent et vous mouillent les yeux de larmes de souvenir.

Jamais, dans nos villes de France, à la tête de nos régimens, en face de blancs drapeaux des fleurs de lis, sur nos places d'armes, ou dans nos salles de bal, l'air *de* VIVE HENRI IV n'avait produit sur nous tous autant d'effet que lorsqu'une musique militaire, malheureusement composée d'Autrichiens, le fit retentir dans la salle du banquet !

Alors, tous debout, le cœur battant d'enthousiasme, les verres remplis de vin de Bordeaux, nous portâmes les santés de tout ce que nous aimons.

Nous bûmes tour à tour à la France, à Henri V, à Charles X, à Louis-Antoine, à Marie – Thérèse, à Marie – Caroline, à Louise, à l'hôte illustre des Bourbons, à celui qui a su noblement accueillir leur malheur, à François II, à la fidélité, au courage, à La Villate, à l'armée française ! au dévoûment, aux condamnés politiques ! au génie, à Chateaubriand ! aux serviteurs dévoués qui ont suivi nos princes dans l'exil !

Ce serait peine perdue que d'essayer de vous peindre les transports et les cris qui accompagnèrent plusieurs de ces *toasts*;

il y en eut vraiment où ce fut un délire;
nous levant de table, nous allions heur-
ter nos verres aux pieds des images de nos
princes, et ce n'était plus assez que les mu-
siciens allemands pour jouer le vieil air
français; nous mêlions tous nos voix à
leurs bruyans accords.

Nos transports semblèrent encore redou-
bler, lorsque l'on prononça les noms des
serviteurs dévoués qui partagent le bannissement de la royale famille; alors c'était
vraiment un beau désordre; chacun voulait *trinquer* avec le loyal et brave La
Villate; il était entouré, pressé, enlevé,
embrassé par nous tous; par nous tous qui
étions là, comme pour le remercier d'a-
voir fait si bonne et si fidèle garde au jeune
prince....; ces remercimens n'allaient pas
à lui seul, nous les adressions aussi à tous

ceux, à toutes celles qui, depuis bien des années, ont voué leurs jours et leurs veilles à l'éducation de Henri et de Louise.

C'était encore au nom de la France royaliste que nous leur disions *reconnaissance !*

Oui, reconnaissance à eux, car, *Dieu aidant*, tous leurs efforts ont été couronnés de succès; *un prince, une princesse* accomplis sont sortis de leurs mains.

Vous voyez que ce banquet, fait à trois cents lieues de Paris, a pu avoir beaucoup de charme et d'entraînement, et quoique fait entre les murs d'un café, a dû surpasser en noblesse bien des festins *quasi-royaux*, où la vulgarité, l'égoïsme et la *courtisanerie* bourgeoise viennent s'as-

seoir et boire à la prospérité d'un pouvoir
qui a de l'argent pour payer leurs louanges
et leur amour.

Adieu, dans peu de jours, nous nous
remettons en route pour aller vers vous.

DOUZIÈME LETTRE.

———

Rouen, le 30 septembre.

Vos lettres m'arrivent un peu froissées, un peu replâtrées ; mais vous devinez bien que si je trouve souvent l'empreinte du cachet endommagée, effacée, je n'en accuse que la *police autrichienne*, que les agens dociles d'un des *farouches tyrans du Nord !*

Soupçonner les hommes de M. G...? fi donc ! les fonctionnaires de Louis-Philippe ? impossible ; car, voyez-vous, il y a des *moralités* semblables à la lime d'acier ; les serpens s'y casseraient les dents.

Quand tu nous a quittés, je t'ai dit : *Pars, cher ami ; on ne peut jamais aller trop loin, quand c'est pour bien faire...*

A présent, advienne ce que Dieu voudra ; notre part est bonne.... C'est à Vienne que vous recevrez ma réponse à vos deux dernières lettres. Restez-y quelques jours à vous reposer et à observer. Au sujet des voyages, je pense comme M. de la Borde : voir différens pays, c'est lire différentes pages d'un grand livre, bien amusant et bien instructif.

Cette nation allemande est bonne à étudier ; notre propagande y a jeté ses brandons, mais la sagesse native éteint le feu aussitôt qu'il prend aux jeunes têtes. Si, dans les premiers jours de notre dernière révolution, il y a eu sur le compte de la France actuelle quelques illusions, elles se sont bien vite dissipées. Maintenant ce n'est plus ni de l'envie, ni de la peur que nous inspirons.... En vérité, on n'ose pas s'appesantir sur cette pensée-là ; c'est elle qui fait mal au cœur !

Vous, à l'étranger, vous pouvez porter le front haut ; les mots de parjure et de trahison ne vous y font pas monter la rougeur ; vous, vous n'avez trompé, vendu et renié ni votre vieille patrie, ni votre roi ; jouissez donc fièrement du nom français, vous en avez le droit.

A Vienne, mieux qu'ailleurs, vous serez à même de vous convaincre de toute

là fausseté des déclamations libérales. Vous
voilà tout près d'un *despote*... C'est un
souverain *absolu* qui règne là où vous allez dormir...; prenez garde, vous pourriez
bien vous réveiller *in carcere duro*... Sous
un pareil régime, entendrez-vous autre
chose que des plaintes, que des gémisse-
mens, que des malédictions contre le pouvoir?... Je plaisante, car je suis bien in-
formé: au lieu de cette irritation qui nous
agace tous en France, à Vienne, il y a
paix dans les esprits et plaisir dans les
habitudes. Quoique l'empereur François II
ne s'intitule pas *citoyen*, il est populaire;
et si vous le rencontrez, je suis sûr que
vous ôterez vos chapeaux, car sa vue, à lui,
inspire le respect... Comme les premiers,
comme les derniers de ses sujets, si l'on
commettait envers vous une injustice,
vous auriez le droit de vous en plaindre

à lui-même. Chaque semaine, il ne va pas, comme notre saint Louis, s'asseoir sous un chêne pour rendre la justice, mais il ouvre une des salles de son palais, et là, sans gardes qui le suivent, sans *sergens de ville* qui l'entourent, il admet tout le monde auprès de lui, depuis le plus grand jusqu'au plus pauvre ; tous peuvent venir lui dire : Sire, on me froisse dans mes droits, ou, la mauvaise fortune me fait souffrir. Alors il redresse les torts et secourt les misères, et *l'autre semaine* ne vient pas sans qu'il ait prouvé qu'il a bien écouté les plaintes et les prières qui lui ont été adressées. Je ne sais pas si cette méthode est constitutionnelle, mais j'avoue que je l'aime autant que le *droit de pétition aux chambres*, droit qui, chez nous, ne mène qu'à remplir des cartons, *oubliettes* des temps actuels, où les plaintes, les prières, les réclamations et les cris de misère vont se perdre et s'engloutir.

Du temps que les Bourbons de la branche aînée régnaient encore en France, je me suis souvent demandé pourquoi, eux, les meilleurs, les plus accueillans des Français, n'adoptaient pas cet usage des empereurs d'Autriche. Les malheureux auraient immensément gagné à les approcher, et eux auraient aussi gagné plus de popularité, en se mettant plus en contact avec les populations.

Ce dont il faut aujourd'hui sauver les rois, comme d'une maladie qui éteint et qui énerve, c'est de l'*étiquette*.... Avec la vie, telle que les événemens l'ont faite, avec ce mouvement, ce progrès continuel, pourquoi établir quelque chose d'*immobile* à l'entour de ceux qui doivent marcher à la tête des peuples; à celui qui doit commander, laissez connaître; et comment voulez-vous qu'il apprenne les hommes, si vous bâtissez un mur infranchissable entre eux et lui..?

Mais, diront quelques-uns, si vous enlevez l'étiquette aux rois, vous leur ôterez aussi la majesté.... Erreur! regardez François II, se promenant dans ses grandes salles d'audiences populaires, écoutant le pauvre, grondant le mauvais riche, consolant la veuve, accueillant l'orphelin, récompensant le vieux soldat. Il y a de la majesté dans tout cela, car c'est l'occupation de Dieu dans son éternité.

Et ne croyez pas que je veuille faire aux rois de la *populacerie*. – Oh! non. J'ai vu quelques princes en essayer, et cela ne les a menés qu'à la déconsidération. Henri IV avait une manière de tendre la main, qui était à la fois familière et noble; on ne riait pas, je vous assure, de ces poignées de mains..... on ne rit pas davantage de la simplicité impériale de François II.

Je ne sais, mes chers amis, si vous apercevrez cet empereur, pendant que vous serez dans ses états...; moi, je l'ai vu un jour... J'allais visiter les caveaux de Saint-Denis, et là, dans la demi-lueur qui tombe sur les sépulcres, j'aperçus un homme déja sur l'âge, regardant fixement l'endroit où gisait le peu qui restait de Louis XVI et de Marie-Antoinette..... C'était un empereur, considérant un cercueil de roi décapité; c'était François d'Autriche pleurant sur la fille des Césars !...

Respectant de si tristes et si profondes réflexions, je me tins à l'écart ; il restait immobile , et sa méditation dura long-temps ! Sans bruit, sans mouvement, deux officiers-généraux attendaient leur maî-tre... et dans la sombreur des régions de la mort, avec leur blanc uniforme, on eût dit deux statues de plus, près des tombeaux.

Contemplant cette imposante scène, je me rappelai avoir lu, dans les journaux du temps , qu'alors que nos armées allaient occupant toutes les capitales de l'Europe, François II, forcé de quitter Vienne, étant en voiture , et venant à passer devant *l'église des Capucins , le Saint-Denis des empereurs d'Autriche*, s'écria :

Ah ! là seulement je serai tranquille ! là seulement je reposerai !

Et il disait vrai, car en ces jours de gloire pour nous, et d'humiliations pour les autres peuples, il y avait un soldat couronné qui conquérait le monde, ayant toutes les capitales pour étapes, tous les palais pour logemens, et tous les trônes pour s'y asseoir et pour s'y reposer...

Mais, à la fin, la fortune du voyageur armé se lassa, et quoiqu'il fût encore plein de force, il vit le sceptre de sa puissance brisé... Les temps de revers étaient venus, et les empereurs, et les rois, et les archiducs, et les princes qu'il était allé visiter, lui rendirent une rude visite. Ce fut à ce moment que François II vint voir le caveau de Saint-Denis, où dormait sa malheureuse tante, Marie-Antoinette, où devait dormir sa fille Marie-Louise, son gendre Napoléon, et son petit-fils, le roi de Rome!....

Adieu : voyez bien la ville où vous êtes; elle est pleine de grands enseignemens; le pied des Français doit y avoir laissé de profondes traces....., car les vainqueurs pèsent lourd sur le sol conquis. Adieu encore.

TREIZIÈME LETTRE.

***

Vienne, 9 octobre.

Quand on quitte le sol natal, quand on franchit la frontière, on a beau faire, on ressent quelque chose qui vous serre le cœur...; cependant, rien à l'extérieur n'est changé, à l'exception du poteau qui indique qu'ici finit la France, que là, commence l'Allemagne; tout est de même; les arbres ne sont ni plus ni moins verts; le soleil ni plus ni moins chaud ; les aubergistes ni plus ni moins désintéressés, et cependant, je vous le répète, le changement de pays *fait quelque chose.*

Et ce que je vous dis là, je l'ai éprouvé,
il y a peu de jours, en quittant *Prague*...
car, à Prague, tant de gloires, tant de souvenirs, tant d'espérances, tant de regrets
de la patrie s'y trouvent rassemblés, que
c'est encore là, la patrie..... Oh! oui, s'é-
loigner de Prague, c'est triste, car lorsque
l'on a vu de près l'exil, on devine combien
il doit être pesant; et pendant que nous
étions là avec les bannis, ne pouvions-nous
pas nous dire: nous les aidons un peu à en porter le poids?...C'était du mouvement, c'était
de la vie, que nous tous autour d'eux; pour
eux, c'était comme une suave musique,
que ces paroles françaises prononcées par
de nouvelles voix; pour eux, c'était du
baume aux blessures que la trahison et
l'ingratitude leur ont faites, que notre intérêt et notre fidélité..... On a donc pu
être triste, de nous voir nous éloigner, et

nous, nous avons dû être tristes de partir....
Entre nous et eux, c'est un lien de plus
que ce voyage....; vous savez, si nous
avions besoin de cette nouvelle attache...!
enfin la voilà de plus. Dans un siècle où
l'on se détache si facilement, jamais trop
de liens de ce genre.

Entre Prague et Vienne, je ne vois rien,
cher père, à vous raconter; si je vous disais
nos conversations de la route, ce serait me
répéter. Nous parlions de Henri, nous parlions de sa gracieuse sœur, nous redisions
la forte résignation du vieux roi, et la grandeur de caractère de madame la dauphine,
et la philosophie chrétienne de M. le
dauphin.

On dit que l'avenir occupe plus la pensée des hommes que le passé; c'est faux.

Je crois que dans nos esprits, comme dans nos cœurs, les souvenirs sont plus puissans que tout; les espérances y ont sans doute une grande place, mais elles n'y sont qu'en germe, tandis que les souvenirs y ont des racines toutes poussées. Comment, avec ces racines *toutes poussées*, l'ingratitude peut-elle s'établir dans tant d'ames? Demandez-le à la France de 1830; elle en a trouvé le honteux secret.......... Quand on approche d'une grande ville, quand vous arrivez dans les contrées qui environnent une capitale, vous mettez souvent la tête à la portière, ou vous montez sur le siége, pour découvrir de loin la reine du pays.

C'est ce que je fis le dimanche 7 au matin; le temps était clair et beau; depuis plusieurs heures nous voyagions dans la plaine, et là, nous n'avions plus de beaux sites à admirer; une plaine, c'est ennuyeux comme la monotonie....

Enfin nous aperçûmes dans l'uniforme et plate étendue que nous avions devant nous, des dômes, des clochers et des tours.

C'était la capitale de l'Autriche ; la ville des Césars modernes, la ville que notre premier *Charlemagne* a visitée dès l'année 791, et d'où *le second* s'est plu à dater, de nos jours, plusieurs décrets, avant qu'il n'eût fait alliance de famille avec la maison d'Autriche.

En 1283, Rodolphe, après avoir séjourné cinq ans à Vienne, investit son fils, Albert Ier, du duché d'Autriche, et mit ainsi sur le

trône de l'Autriche la maison de Haps-
bourg, maison qui règne encore aujour-
d'hui, et qui, si l'on pouvait compter l'a-
mour des populations pour quelque chose,
devrait y régner encore dans bien des
siècles.

En 1484, le roi Mathias de Hongrie, as-
siégea la ville de Vienne, qui fut forcée de
se rendre au bout de quatre mois.

Maximilien, fils de l'empereur Frédéric,
trouva le moyen de rentrer dans sa capitale; c'est de cette époque que Vienne a
pris de l'importance. Maximilien y attira
des savans, des artistes et des religieux
d'un grand mérite; mais ni les sciences,
ni les savans, ni les arts ne purent garan-
tir Vienne de nouveaux malheurs. En 1526,
Jean Zapolya se sentant trop faible pour

lutter contre son compétiteur, Ferdinand d'Espagne, réclama l'aide, l'assistance et les soldats du sultan Soliman; cet appel à l'étranger occasiona le premier siége de Vienne par les Turcs. L'ambitieux Soliman saisit avec empressement les propositions de Zapolya, et pénétra en Autriche, à la tête d'une armée de trois cent mille hommes.

Ce fut alors que Ferdinand, qui n'avait plus que huit mille hommes de garnison à Vienne, fit, avec Nicolas de Salin et le zèle et le dévoûment des bourgeois, de si grands prodiges de valeur, que les Turcs furent repoussés avec perte.

Les habitans de la ville délivrée ne voulurent pas n'attribuer leur salut qu'à leur vaillance et à la force de leurs bras; leur

piété donna une grande part de la gloire
et du triomphe au dieu des armées.

Quand on en est à écrire les histoires
des grandes cités, on en a long à dire en
fait de calamités, d'émeutes et de révoltes;
car la vie des peuples ressemble à celle des
hommes : elle abonde en malheurs.

Vienne éprouva encore, en 1683, de nouvelles calamités. Le fameux Émeric Tékély,
comte hongrois, amena par sa révolte, le
sultan et de nombreux barbares sous les
murs de la cité impériale ; jamais elle n'a-
vait eu à résister à de pareils coups. *Cette
fois*, criaient les infidèles, nous prendrons
Vienne, et nous n'y laisserons pas pierre
sur pierre.

Cette fois encore, répondaient du haut

de leurs remparts, les chrétiens assiégés,
Dieu et notre vaillance vous chasseront
loin de nous.

Et puis après ces paroles, les bombes,
les boulets, les balles, les brandons en-
flammés tombaient par milliers dans la
ville.... dont les faubourgs étaient mis en
feu par la propre main de leurs habitans
pour empêcher l'ennemi d'y établir des re-
doutes et des batteries...... Malgré tout le
courage et le dévoûment des Viennois, la
ville des Césars aurait succombé; mais une
ligue des princes d'Allemagne, et une armée de 26,000 Polonais, vinrent livrer bataille aux troupes du sultan, et encore une
fois le Croissant prit la fuite devant les
soldats chrétiens.

Vienne, en 1683, vit accourir à son

aide 26,000 Polonais ; en 1831, Varsovie n'a pas vu venir à elle un seul soldat autrichien ! ! ! Et ce qui est plus triste encore à redire, pas un grenadier français, et c'était cependant la France révolutionnaire de 1830 qui avait crié aux vaillans Polonais : *Levez-vous ! levez-vous contre le czar.*

Le conseil de révolte est allé jusqu'à eux ; le secours n'a pas paru !............ L'aspect de Vienne n'est pas beau ; Prague me semble mieux. En fait de palais, je ne vois rien d'aussi imposant que le Hradschin. Celui que l'empereur François II habite, est moins splendide que ne le sera celui que se fait continuer M. Thiers, sur le quai d'Orsay.

On nous a raconté qu'un soldat de

Napoléon étant de faction dans ce palais, alors que les Français occupaient Vienne, et trouvant cette demeure impériale moins bien qu'il ne l'avait imaginé, disait : *Voilà donc cette vieille* MAISON *d'Autriche dont l'empereur nous avait tant parlé*.

François II habite le second étage de cette résidence, qui ne se fait remarquer ni par son étendue, ni par son architecture. On montre, *au premier*, l'appartement du jeune duc de Reichstadt ; souvent pendant qu'il existait encore, les passans regardaient en haut pour le voir : pâle et étiolé on le voyait alors, comme un reflet effacé du grand homme ; ce prince a laissé un touchant souvenir à Vienne ; on eût dit que, désespérant de vivre avec la gloire de son père, il s'était résigné à mourir. Son

grand-père avait pour lui une prédilection toute particulière....

Si l'extérieur du palais impérial est peu
imposant, les appartemens rachètent ce
manque de grandeur par une grande magnificence; on y voit plusieurs tables précieuses de lapis-lazulli, de beaux lustres
de cristal de Bohème, de superbes tapisse-
ries et des glaces d'une taille extraordinaire.

Du palais, nous sommes allés au trésor,
où nous avons vu tous les radieux bijoux
de la maison impériale. Il y a quelques
années que nous y eussions vu la couronne
de Hongrie, celle de Bohème, et le bonnet
archiducal d'Autriche; mais Joseph II ne
voulut pas de centralisation à cet égard et
renvoya la couronne de Hongrie à Pres-

bourg, celle de Bohême à Prague et le bonnet archiducal à Klosterneubourg.

Ce qui nous a frappés davantage, c'est le
fameux diamant surnommé le *Florentin*;
il appartenait jadis au duc de Bourgogne,
Philippe-le-Hardi, et fut trouvé sur le
champ de bataille de Granson. Un soldat
suisse le vit briller la nuit parmi les cas-
ques et les armures, le sang et le carnage;
il s'en empara et le vendit 5 florins à un
bourgeois de Berne; de main en main il
arriva au trésor de Florence, et de-là, à
celui de Vienne, et est aujourd'hui estimé
1,043,334 florins (son poids est de 139 $\frac{1}{2}$
carats).

Ces chevaliers et ces souverains d'autrefois étaient de singuliers hommes; ils se
paraient de leurs bijoux pour une bataille

comme nous le faisons aujourd'hui pour une fête.

A propos de parure, la mode de riches garnitures de boutons est revenue; je doute qu'aux bals des Tuileries le plus fashionnable des princes de la cour actuelle y paraisse avec des boutons semblables à ceux que nous avons vus à ce bazar de richesses : là on nous en a montré une garniture pour un habit d'homme estimée 258,000 fr. Chaque bouton est un solitaire.

Savez-vous à quoi cette magnificence m'a fait penser?.... Aux turquoises du collier de Mademoiselle.

A l'arsenal il y a aussi de bien splendides choses, des armures d'argent toutes bosselées d'or, d'autres incrustées de pierreries précieuses. Nous n'y avons vu qu'un drapeau blanc et nous n'avons pas voulu en regarder d'autres ni jeter les yeux sur les clefs d'une de nos grandes villes.

Si à Vienne on montre l'épée de François Ier, c'est qu'il l'avait remise ; et ce malheur français est un titre de gloire pour la nation allemande. Il n'en était pas ainsi de l'épée du grand Frédéric, que nous avons appendue aux voûtes des Invalides ; celle-là n'avait point été remise ; celle-là avait été prise sur le tombeau d'un homme qui ne l'avait pas rendue..... Alors que nous avions tant de trophées d'honneur justement amassés à Paris, je n'ai jamais pu concevoir que l'épée de Frédéric n'eût pas été laissée sur son cercueil.

A peine nous étions-nous reposés quel-

ques instans à l'excellent hôtel de l'archi-
duc Charles, que nous apprîmes que nos
compatriotes qui nous avaient devancés à
Vienne s'étaient rendus à une fête à Schœnbrunn.... Voilà véritablement un beau palais, un palais que l'on peut regarder encore après avoir vu le majestueux Versailles. Ne croyez pas cependant que j'aie l'idée
de vouloir comparer quelque chose à l'œuvre du grand roi. Non, sa création était
digne de lui, c'est dire qu'elle est au-dessus de tout....

Mais Schœnbrunn a aussi de la noblesse;
ses jardins ont du grandiose et de beaux
ombrages; malheureusement le palais est
mal situé. S'il avait été bâti où est la *Gloriette*,
édifice qui nous a rappelé le Grand-Tria-
non et qui est placé dans le parc comme
une magnifique fabrique, l'habitation im-

périale commanderait alors un immense aspect, tandis que dans le fond où elle est placée, elle manque tout-à-fait de vue.

Un trait qui peint toute la bonté de François II, m'a été redit à la Gloriette; là, on m'a montré une aigle de l'empire français, aux larges et puissantes ailes déployées. Beaucoup de personnes voulaient la faire abattre; François refusa constamment, en disant : Mon petit-fils y retrouve un souvenir de Napoléon, je ne veux pas le lui ôter...

Et l'aigle y est encore.

Après avoir parcouru les jardins, les ménageries, qui ressemblent à toutes les ménageries et à tous les jardins des résidences royales, nous sommes allés dîner à

Innesing. Ne vous figurez rien de semblable aux *salles* de *cent* couverts, où l'on fait aux environs de Paris *noces* et *festins*. *Innesing* où nous allâmes est autant au-dessus des salles de restaurateurs que j'ai vues, que Versailles est au-dessus de tous les palais des rois.

La salle où nous dînâmes est une vaste pièce, dont la voûte de verre laissait voir les étoiles brillantes du ciel, car il était nuit quand nous eûmes fini toutes nos explorations.

Quoique je sois *éminemment Français*, eh bien ! je suis obligé de l'avouer, nous n'avons ni dans nos meilleurs établissemens publics, ni même dans nos maisons particulières, une recherche de service, un luxe de cristaux semblable à ce

que nous avons trouvé et à l'hôtel de l'ar-
chiduc Charles et à *Innesing*. Tout à côté
de notre table, il y en avait une grande
tout entourée de proscrits; c'étaient de
nobles Polonais, tout balafrés de bataille
et tout distingués de bonnes manières. Ces
exilés de la Pologne donnaient à dîner
aux habitans de Vienne, qui les avaient
reçus malgré leur proscription.

Ce qui ajoutait aux charmes de ce bel
établissement, ce n'étaient pas de ces trou-
badours ambulans, de ces trouvères de
rues, de ces ménestrels de carrefours que
l'on arrête quelquefois à Paris, sous les fenêtres des cafés et que l'on voit jouer dans
leur accoutrement bizarre, et du violon, et
du tambour de basque, et de la guitare ,
et de la harpe, et auxquels on jette quelques
sous; non, la musique que nous entendîmes

à *Innesing* était suave, angélique, ravissante ; c'était celle du fameux Strauss ; et je ne crains pas de le dire, les plus délicats de nos dilettanti sortant des bouffes, y eussent encore applaudi.

C'était de derrière des fleurs et des draperies, que nous venaient ces harmonieux accords ; à les écouter il y avait tant de charme, qu'on ne pouvait se résoudre à quitter la salle : c'était une magie qui nous y retenait.

Adieu, je vous écrirai demain.

QUATORZIÈME LETTRE.

Vienne, 10 octobre.

Hier c'était un lieu de plaisir, c'étaient les effets d'une délicieuse musique que je cherchais à vous peindre en terminant ma lettre, aujourd'hui, pour faire contraste, je sais que vous les aimez; je veux vous parler du *Saint-Denis* ou du *Westminster* de Vienne.

C'est au *couvent des Capucins*, c'est chez les plus humbles et les derniers des religieux, que dorment, après leur mort, les empereurs d'Allemagne. Au-dessous de l'église du couvent, s'étendent les caveaux funéraires. Là, peu de magnificence, et nous y avons vu que les rangs des morts étaient moins pressés qu'à Saint-Denis !

Une lampe éclaire à demi ces sombres régions ; il y a à peine quatre-vingts tombeaux : le plus remarquable est celui de l'empereur Léopold Ier. Marie-Thérèse avait l'esprit assez fort, pour ne pas craindre d'envisager sa dernière heure, et, de son vivant, elle a fait faire son tombeau et mesurer sur elle son cercueil. L'empereur actuel a eu tant de malheurs de famille, qu'il a été forcé d'agrandir la demeure funéraire destinée à lui et aux siens.

En tout, cette royale sépulture est peu remarquable.

En sortant de cet *autre monde*, je voulus voir encore des merveilles de celui-ci ; j'allai à Laxembourg. Le vieux château de ce nom, date du 14ᵉ siècle ; il est petit et irrégulier ; ce qui attire aujourd'hui le curieux, ce n'est pas cet antique manoir, mais bien ce que l'on appelle *la Maison bleue* dont les jardins ont une grande réputation.

Je crois que comme *puriste*, vous n'approuveriez pas et le *temple de Diane* et le *temple de la Concorde*, et le *petit Ermitage*, où l'on voit la figure de deux ermites en oraison, et le *village des Pêcheurs* avec ses cabanes rustiques, et la *cascade* avec ses quelques pieds d'eau, et l'*étang chinois* avec son pont, son pavillon et ses gondoles, et le *bûcher* avec son appartement intérieur, et la *maison de plaisance,* et la *métairie* où l'on voit sous son toit de chaume des meubles précieux et des tableaux exquis.

Mais la merveille des merveilles du parc de Laxembourg, c'est le *château de chevalerie*. C'est une création de François II, et elle révèle son caractère. Ce prince avait devancé la mode qui règne aujourd'hui ; il y a bien des années que lui avait déja le goût des *vieilleries*.

Pour meubler ce château, l'empereur a fait rechercher et acheter les ameublemens les plus historiques et les plus somptueux; les antiquités que l'on a trouvées dans d'anciens couvens ont été placées ici et sont entretenues avec un soin particulier.

Enfin, avec de l'imagination, on peut

tout-à-fait croire là, que l'on a remonté les siècles, et que l'on va y voir quelque puissant suzerain d'autrefois.

Il serait trop long de vous détailler tout ce que l'on montre, tout ce que l'on indique avec cette monotonie de cicerone obligé, tout ce que l'on vous débite machinalement. Non rien, pour moi, de plus antipathique qu'une voix payée qui vient se jeter à la traverse de vos pensées, et vous rappeler, quand vous voudriez l'oublier, que vous êtes à voir une *curiosité*.

Comme dans les romans de madame Radcliff, on passe par des galeries sombres, on monte des escaliers tournans, on arrive dans de grandes salles, on entrevoit, à travers des soupiraux, la profondeur des cachots souterrains ; enfin en passant sous

une lampe dont la lueur vacille et forme
de longues ombres, on arrive dans une
vaste prison divisée en plusieurs compar-
timens; sur un des escaliers, j'aperçus,
dans le demi-jour, un homme debout;
son habit blanc tranchait dans l'obscurité;
c'était un templier prisonnier; la croix
rouge de l'ordre était sur sa poitrine. Tout
près de là était un trou qui laissait voir
dans une autre prison, et au-dessus de ma
tête, encore une ouverture, et quand le
jour du jugement ou plutôt de la con-
damnation était venu, alors, à l'aide de
cordes et de poulies, on enlevait du fond
de son tombeau anticipé le captif, et on
le faisait monter ainsi jusqu'à la salle des
juges. Sa tête seule leur apparaissait sur le
tapis noir du lieu de leurs séances. Et
voyez-vous ses deux grands yeux se lever
sur ceux qui vont prononcer la sentence;

souvent elle n'était pas longue à se faire attendre; un geste, un signe suffisait, et l'exécuteur qui était là, près de l'ouverture, d'un coup de sa hache, fauchait cette tête qui s'élevait au-dessus du tapis..... Et alors le corps séparé de son chef, tombait par les ouvertures, traversait les différens étages, et allait se perdre dans des oubliettes sans fond.

Tout ceci donnerait beau jeu aux faiseurs de phrases philanthropiques, et serait un beau sujet de déclamations contre la tyrannie des temps passés, mais je m'abstiendrai des unes et des autres. Je sais qu'autrefois tout n'était *pas bien;* je sais qu'aujourd'hui il y a *beaucoup de mal.* Je sais que les siècles écoulés sont appelés arbitraires, et que nos jours sont surnommés jours de liberté.... malgré les prisons de France devenues trop petites, malgré le mont Saint-Michel, et je ne veux pas, ayant honte du *présent*, accuser le *passé*, ni croire à la perfectibilité de l'avenir...... et puis ce qui m'empêchera encore de dépenser de la *sensiblerie* sur les oubliettes et les cachots de Laxembourg, c'est que ce sont des cachots et des oubliettes pour..... rire. — Il en était de même de ce templier enchaîné, que j'avais vu dans une des autres salles de la prison. Cette victime du despotisme c'était un..... mannequin. Au mont Saint-Michel, les détenus y sont en chair et en os, et leurs souffrances sont bien réelles.

L'arsenal, et ce fut une des choses qui nous frappa davantage, la beauté des armures, la noblesse du décor, toutes ces bannières armoriées, toutes ces lances étincelantes, tous ces gonfalons, toutes ces banderolles que l'air agitait et que tenaient, dans leurs mains gantées de fer, des simulacres de chevaliers; ces figures de princes, de rois, d'empereurs, de reines et d'impératrices, vêtus et somptueusement parés d'habits de velours et de brocart, et qui sont, comme on disait autrefois, *la vraie pourtraiture* des princes de la famille régnante aujourd'hui; toutes ces choses produisent de l'effet, et quand on sort de cette atmosphère de grandeur, de ce monde de chevalerie et de cet air des siècles passés, on trouve le monde d'aujourd'hui tout petit et tout mesquin..... Seulement on se réjouit de se retrouver au soleil, car il fait froid dans ces grands salons, habités par ces espèces de morts.

Pour en finir avec ce que nous avons vu

de beau à Vienne, il faut, cher père, que je vous parle d'un chef-d'œuvre de Canova, son Thésée colossal...... Autrefois, on faisait des statues pour les temples; ici, ç'a été le contraire, on a fait un temple pour la statue, et l'on a bien fait; l'œuvre du grand statuaire méritait bien cet honneur. . . . .

En revenant de toutes ces explorations, nous nous rendîmes à Augarten, où nous avions donné rendez-vous à ceux de nos amis qui étaient à Vienne.......... Nous étions tous réunis; nous allions nous mettre à table, lorsqu'on nous apporta des journaux français..... Loin du pays, c'est presque un compatriote qu'un journal; ça parle votre langue; à l'étranger, à trois cents lieues de Paris, on trouverait plaisir à lire.... même le *Constitutionnel ! ! !* Nous

vîmes, en parcourant les différentes feuilles qui nous avaient été données, que des
hommes à cœurs froids, incapables de com-
prendre une idée généreuse, ne concevant
rien à notre voyage, calomniaient ceux qui
l'avaient fait.... Le *Temps*, surtout, déver-
sait à pleines colonnes le fiel contre nous ;
ce journal qui vise à l'héritage du *Constitutionnel*, qui veut le remplacer dans les
cabarets et les guinguettes, et qui , pour
complaire à ce qu'il y a de plus corrompu,
se fait un thème quotidien d'insulter à ce
que la vertu et le malheur ont de plus
élevé, aux exilés de Prague ; le *Temps* ne
craignait pas de dire que les légitimistes
qui étaient allés au Hradschin , *traîtres à
la patrie*, étaient allés quêter l'aide de
l'étranger, et susciter des ennemis à la
France !

Calomnie! infâme calomnie! Nous, vouloir l'aide de l'étranger....! mais, nous étions allés dire à Henri V : *tout par la France et pour la France !*

Nous, vouloir l'étranger...! Mais nous sommes si Français par le cœur, que nous voulons que rien ne soit enlevé à la France; nous voulons la patrie avec toutes ses anciennes gloires, avec toutes ses gloires nouvelles. Nous la voulons rajeunie, mais fille respectueuse du passé...,. et pour obtenir de vivre sous un sceptre glorieux, ce ne sont pas des armées que nous invoquons, nous ne demandons que des suffrages libres et universels.

Nous, vouloir l'étranger....! Non, cent fois non : nous voulons à la France des fils de France ; c'est vous ou vos amis, vous ou vos frères, qui, dans le délire de votre haine, êtes allés, chapeau bas, mendier à la Russie, à l'Angleterre, à l'Autriche, à la Prusse, à la Hollande, à la Suède, à la plus petite puissance, à l'état le plus faible, de vous aumôner un roi.

Un prince de chez vous, pour nous gouverner! leur criiez-vous alors, *un prince de chez vous; quelque petit, quelque subalterne qu'il soit, il nous conviendra, s'il nous est donné par vous, et s'il n'est pas un Bourbon.* O délire! ô turpitude!.... La patrie indignée a gardé le souvenir de ce trait inouï dans nos annales! La patrie sait que ce n'est pas nous, que ce ne sont pas les nôtres, qui lui ont voulu cette honte..; alors, comme aujourd'hui, les royalistes criaient: *A la France, les fils de France!...*

J'étais bien jeune, lorsque les revers de Napoléon amenèrent les Prussiens en Bretagne, mais je me souviens encore que pour sauver les caisses de nos administrations, les fusils et les canons de l'arsenal, et les tableaux de nos églises, on les fit porter *outre Loire*, sur terre Vendéenne; toutes ces choses étaient en sûreté, car la Vendée était debout et en armes, et avait dit aux flots de l'invasion, comme Dieu aux vagues de la mer : *Vous ne viendrez pas plus loin.*

Je me rappelle que dans l'hôtel que nous habitions, dans l'appartement du comte de Saint-Pern, un officier supérieur prussien était logé, et que de sa chambre voyant les belles campagnes qui s'étendaient de l'autre côté du fleuve, il demanda, comment s'appelait cette partie du pays.

C'est la Vendée.... répondit M. de Saint-Pern.

A ce nom le Prussien ôta son chapeau, et dit avec émotion: *Salut, terre d'honneur et de fidélité !*

Et pendant que les royalistes inspiraient cette crainte et ce respect, pendant que le Vendéen debout près de la croix de ses chemins, et appuyé sur son épée, interdisait au pied de l'étranger une grande partie de notre sol, hommes du *Constitutionnel*, hommes du *Temps* et du *Journal de Paris*, que faisaient vos patrons!.... Je l'ai dit tout à l'heure, ils se traînaient dans la poussière des camps ennemis pour livrer à quelque fils du Nord, le plus beau trône qui soit sous le soleil!.... le trône que nous voulons encore.

QUINZIÈME LETTRE.

———

Salsbourg , 18 octobre.

QUEL chemin! quel pays! quels souvenirs! Oh! jamais je ne vous ai autant désiré avec nous , cher père, que depuis quelques jours. Comme vous auriez joui de la beauté des montagnes que nous venons de parcourir! comme vous eussiez été ému devant la femme héroïque que nous venons de voir !... Vous qui l'avez admirée dans les jours de bonheur , vous auriez vu comme l'adversité lui va !... Mais tâchons de mettre un peu d'ordre dans mes idées, pour pouvoir vous rendre compte de notre der-

nière excursion. Je ne vous l'avais pas an-
noncée ; je n'en avais pas besoin. Quand
je suis parti de Paris, vous m'avez écrit :
*Va, pars..., on ne peut jamais aller trop
loin, quand c'est pour bien faire.*

Et, certes, c'était pour *bien faire ;* c'était
pour aller porter à *Madame* l'expression
de notre inaltérable dévoûment , l'assurance d'une de ces fidélités que rien
ne peut affaiblir , et d'un de ces *enté-
temens bretons* , qu'aucun malheur ne
lasse.

Nous résolûmes donc, au moment de
quitter Vienne, de nous rendre à Léoben ;
nous allâmes à la police pour faire viser
nos passeports pour cette ville ; on nous
refusa. Je voulus faire d'autres démarches ;
on me dit qu'elles seraient toutes inutiles ;

qu'il n'était permis à aucun Français de prendre cette route.

C'est égal, dîmes-nous, il faut aller à Léoben.

On vous arrêtera.

C'est égal.

J'allai chez le ministre de la police, et je lui représentai très respectueusement, que nous avions le plus grand désir d'aller à Léoben ; que je venais lui demander de nous donner une permission de nous y rendre.

Impossible.

Mais, Excellence.....

Impossible.

Les Allemands ne sont pas bavards, et les ministres de la police peu communicatifs. Mais cependant, celui de Vienne nous répéta deux ou trois fois, que si nous prenions cette route, nous serions arrêtés.

C'est égal, répétai-je tout bas, nous irons à Léoben.

Et nous y sommes allés.

Et nous en voilà de retour, avec des souvenirs de plus pour notre vie. Ce sont ces souvenirs-là, que je veux vous conter aujourd'hui. Il m'aurait manqué beaucoup, si j'étais rentré en France, sans avoir vu *Madame;* ce grand caractère historique, il le fallait à cette collection de nobles tableaux, que je me suis faite à jamais.... Et n'allez pas croire, cher père, qu'il y ait de l'égoïsme dans ce que je dis là...; non , non ; ce que j'ai vu, je tâcherai de le peindre aux autres : à nous qui les avons admirés , si grands dans le malheur , si résignés dans l'exil; à nous une patriotique mission , celle de redire à la France :

Les plus nobles, les meilleurs de tes fils, tu les as bannis!

Ce fut le 11 au soir, que M. de Phi-libeaucourt, Alfred et moi quittâmes Vienne.

Autant sur un chemin que l'on a souvent parcouru, on aime à voyager avec la nuit et le sommeil, autant sur une route nou-

velle, à travers un pays inconnu, on en
veut aux ténèbres....

Une bien faible lueur éclairait cette contrée, qui, à mesure que nous nous éloi-
gnions de la capitale de l'Autriche, pre-
nait de plus en plus du caractère et de la
sauvagerie.... Quand le jour fut venu,
nous voyions devant nous des *nuages*
dont les masses moutonnées étaient belles
de lumière et d'ombre et bizarrement dé-
coupées sur le ciel...; en France, sur nos
têtes, les nuées ne gardent pas long-temps
les mêmes formes; on les voit changer,
comme tout autour de soi.... Et là, nous
avions beau faire du chemin, le jour avait
beau avancer, *les nuages* que nous ad-
mirions restaient toujours les mêmes.....
Je le crois bien, *ces nuages*, c'étaient les
alpes du Tirol, hautes et majestueuses,

14

magnifique toile de fond du paysage que nous avions devant nous.

Ainsi, ce qu'il y a de plus stable sur notre terre, nous l'avions pris pour ce qu'il y a de plus léger et de plus passager! oh! que les hommes se trompent souvent! que de choses aussi que l'on croit solides comme des montagnes, et qui passeront comme des nuées du matin!.... On les cherchera et on ne les trouvera plus. Seulement on dira, pendant tout le temps qu'ils ont été comme une tache sur le ciel, le pays a été triste et désolé.

A Enns, la route que nous suivions depuis Vienne fait un brusque détour et se dirige vers les montagnes.... Ce fut une joie pour moi, car la plaine n'a point d'attrait pour le voyageur; elle lui montre tout, tout d'un coup, et ne peut plus rien promettre à sa curiosité.

Où nous étions parvenus, c'était bien différent ; déja le sol s'élevait en petites inégalités... Et puis venaient les collines, et puis des coteaux plus à pic, et puis des montagnes, et puis des monts entassés sur des monts, et enfin une nature grave, sombre, inspirante, grandé et majestueuse !

Tantôt notre voiture roulait à l'ombre, au fond d'une gorge étroite et creuse; tantôt un des côtés de la route venant tout à coup à perdre une de ses hautes murailles, la lumière dardait sur le chemin et répandait un peu de gaîté sur la physionomie grave et austère du pays.... Ces rayons de soleil avaient de magnifiques effets sur

les pics de granit blanc, qui, perçant le
sol, se montraient au-dessus des sombres
sapins, comme les grands ossemens des
montagnes.

Pour voir ces cimes blanches et que l'on
aurait dit couvertes de neige, il fallait bien
se pencher, la tête en arrière, car, partant à
pic du bord du chemin taillé *en corniche*,
la montagne, d'un côté, s'élevait jusqu'aux
nues, et de l'autre descendait dans d'immenses profondeurs..... C'était ainsi que,
rasant à gauche le flanc du coteau, à
droite, nos roues touchaient au bord du
précipice..... Si une autre voiture était
venue à l'encontre de la nôtre, que faire?

Nous y pensions quelquefois; mais en
général, la scène était si belle, si grandiose, qu'elle ôtait toute idée de danger,
et ne nous laissait que de l'admiration!....

Ce même chemin, Charles X et Henri V
l'avaient suivi dix ou douze jours avant
nous!... Que nous, nous eussions pris cette
route, c'était tout simple; nos destinées n'im-
portent qu'à nos familles ; mais eux, c'eût
été tous les rois qui eussent porté leur
deuil! toute une nation qui les eût pleurés.

Dans la cour d'un *chalet*, où nous chan-
gions de chevaux, à la nuit tout-à-fait
tombée, nous tirâmes du coffre de la voiture
des provisions que nous avions empor-
tées de Vienne, et nous nous mîmes à
souper et offrîmes à nos hôtes de se joindre
à nous; ils venaient de nous faire entendre
à grand'peine qu'ils avaient eu l'honneur
de recevoir, peu de jours avant nous, le
roi Charles X et son petit-fils....; et en
prononçant ces deux noms, le paysan tirolien avait ôté son bonnet et découvert

son front. Croyez-vous que cet homme, honorant un roi étranger et banni, n'était pas plus mon compatriote que l'être dégradé qui insulte à la vieillesse et à la mauvaise fortune?....

Avec du vin de Hongrie, dans cette hôtellerie des montagnes, à la clarté des étoiles, nous bûmes, avec ces braves gens, aux princes, que tous les étrangers respectent, et que des Français ont abreuvés d'ingratitude, de trahison et d'outrages.

Avant de nous séparer, nous nous serrâmes tous cordialement la main, et puis notre voiture se remit à rouler sur le chemin étroit, taillé dans le flanc de la montagne..... A quelque distance du chalet, notre postillon eut à renouer un trait défait de notre attelage : cela nous força à nous arrêter quelques minutes.... Le seul bruit qu'il y avait eu à cette heure dans ces campagnes sauvages, ç'avait été celui de notre voiture....; à présent qu'elle ne roulait plus sur le gravois durci, tout était solennel silence!.. Du milieu de ce calme absolu, des voix s'élevèrent dans la distance...; elles étaient plusieurs chantant en partie..., et se mêlant merveilleusement bien ensemble....; le vent et les échos nous apportaient les chants des montagnards. Tantôt ils étaient doux, graves et religieux, tantôt forts, hauts, aigus et saccadés... Oh! je vous assure, cher père, qu'on serait resté avec plaisir bien long-temps à écouter ce concert de nuit et de solitude!.... Le postillon nous dit que c'était son maître et ses sept enfans qui chantaient ainsi chaque soir, pour se reposer de leurs travaux du jour.

Croiriez-vous que j'ai assez mauvais goût pour aimer *ce repos* du maître de poste tirolien, autant que celui d'un maître de poste de France. Le Tirolien élevait son ame en chantant, avec sa famille, les vieilles mélodies de ses montagnes natives. Le libéral français aurait été au café du village, lisant le Constitutionnel, ou déclamant contre *le roi parjure et l'intolérance des prêtres et la morgue des nobles !*

Au retour de la lumière, nous trouvâmes que, pendant notre sommeil, la nature avait perdu de son aspect sévère. Nous marchâmes encore tout ce jour-là, jusque vers les deux heures de l'après-midi. A cette heure nous arrivâmes au dernier relais avant Léoben.....

Où l'on nous confirma ce que l'on nous

avait répété à Vienne, c'est qu'en approchant de la frontière d'Italie, les précautions de la police autrichienne redoublaient, et qu'il était bien certain *que sans passeports visés pour Léoben*, nous ne pourrions séjourner une heure dans cette ville.

Au relais où nous nous étions arrêtés quelques instans pour prendre des informations, on nous apprit que d'autres Français avaient, la veille et la surveille, vainement cherché à pénétrer dans Léoben, et que quelques-uns avaient été arrêtés.

Être venus de si loin!... être arrivés si près de *celle* que nous voulions voir, comme on veut voir un grand homme, une femme de cœur, de résolution et d'énergie..... et être forcés de rebrousser chemin! de nous en retourner sans arriver jusqu'à Madame!

Non, impossible !

En avançant, nous ne courions que la chance d'être arrêtés ; en tournant le dos à Léoben, nous renoncions à voir la mère de Henri et de Louise, la Vendéenne du Bocage, l'héroïne du siècle ; il n'y avait pas à hésiter ; en avant, en avant ! A Léoben, à Léoben !

Mais avant d'arriver dans cette ville, nous fîmes une toilette, c'est-à-dire que nous quittâmes le vitchoura, les bottes fourrées et la casquette de voyage pour prendre l'habit de salon..... Le postillon nous disait que nous étions près de Léoben, et nous ne voyions rien de ce qui pourrait être appelé *la préface* ou *l'annonce* d'une ville, de ces maisons de campagne détachées hors de la cité, où les habitans vont passer leurs dimanches et leurs jours de fête et de naissance.... Ici, rien de pareil; on n'aperçoit Léoben que lorsque l'on est dessus; et en la voyant si humble et assise dans une telle solitude, on se demande comment Léoben a un nom dans l'histoire.

Elle en a un cependant, et les mères ne le maudiront pas; car il lui vient, non d'une *sanglante bataille*, mais *d'un traité de paix* qui a été signé en 1797, entre les troupes coalisées de l'Europe et la république française.

Voilà un autre souvenir qui lui est venu de France; en même temps elle a eu, dans ses murs, la loyauté et l'honneur découronnés par la trahison; un jeune prince, enfant d'avenir et d'espérance; un ange de

grâce, d'esprit et de bonté ; et deux noble-
sœurs qui ont montré, par leurs bienfaits
dans le bonheur, et par leur courage dans
l'adversité, que toutes deux étaient filles de
la grande Marie-Thérèse ; Bordeaux dit le
courage de l'une ; la Vendée parle de la valeur de l'autre ! Ce que nous avions éprouvé
aux approches de Prague, et ce que, dans
le temps , j'ai essayé de vous peindre, la
même émotion nous était revenue au
cœur.... et je vous avouerai que j'aurais
pauvre idée de celui qui aborderait avec
une ame froide les grandeurs errantes et
bannies que nous allions voir.

Craignant que la police ne vînt se mettre entre la royale famille et nous , nous
laissâmes Alfred faire son entrée dans la
ville, en voiture ; mais M. de Philibeaucourt et moi, nous descendîmes pour arri-

ver à Léoben en promeneurs.... Et pour que tous les regards des *policiers* fussent détournés de nous, nous recommandâmes au postillon de bien sonner du cor...... Il n'y manqua pas, car en ce monde chacun aime à faire du bruit à sa manière, et nous passâmes le pont, sans que personne fît attention à nous.

Il y a des hommes, et Dieu sait combien j'en pourrais nommer, qui se trouvent toujours où il y a de *l'argent* à gagner.... Il y en a d'autres qui ne manquent jamais d'accourir où il y a du dévoûment et du désintéressemeut à montrer ; à *ces rendez-vous-là*, le vicomte de Saint-Priest ne vient jamais *en second*, il y est toujours *le premier*.

Aussi il était à Léoben, et la première

personne que je rencontrai, après avoir passé sous la porte de ville, ce fut lui.

— Ah! vous venez aussi ? me dit-il.

— Oui, et malgré la police, qui n'a pas voulu viser nos passeports. Je ne sais si elle nous laissera séjourner ici. Puis-je être admis à l'honneur de voir *Madame?*

— Je m'en vais lui dire votre nom, et prendre ses ordres.....

Et moi d'attendre.... pas trois minutes, car le vicomte de Saint-Priest redescendit tout de suite, en me disant : Avec plaisir ! avec plaisir ! venez, Madame vous attend.

Je ne mis que quelques secondes à monter à l'appartement de S. A. R.: mais dans cet éclair de temps, que de réflexions m'assaillirent ! La femme devant laquelle j'allais paraître, dès ses premiers jours, avait vu que les trônes n'étaient pas à l'abri des orages; toute jeune fille, elle avait connu l'exil....; puis des jours meilleurs lui étaient venus, puis toute la France s'était parée de fleurs pour la recevoir; tous les Parisiens lui avaient crié bonheur! bonheur! Et l'un d'eux, malgré tant de protestations d'amour, tua son mari dans une fête. Mais le sang qui jaillit sur elle ne fit pas périr l'enfant qu'elle portait dans son sein; elle donna un fils aux Français pour un roi de leur avenir, et eux jurèrent tous de lui être fidèles; mais leurs sermens furent bientôt oubliés et trahis. Aïeul, mère, enfans, ils les bannirent tous; alors la jeune femme se fit homme par son courage; alors elle dit, voilà que des

Bretons et des Vendéens s'arment pour la cause de mon fils..... *Je ne veux pas qu'une seule goutte de sang coule, sans que j'expose le mien;* et elle, fille et sœur de rois, elle qui avait des palais pour y vivre et des couches d'ivoire pour y dormir en paix, elle se leva, et, pensant qu'il y avait quelque chose de mieux que le repos, vint dire aux Vendéens, ME VOILA!.. *Si l'étranger se montre,* ME VOILA!

C'était cette femme que j'allais voir; mon cœur battait fort lorsque je parvins au salon.

Madame venait de finir sa toilette pour aller diner chez le roi Charles X, quand j'entrai chez elle... « *Ah! vous voilà!* me « dit-elle, *en venant à moi,* » et en me tendant la main, « *de Nantes à Léoben, il*

y a loin, ajouta-t-elle....; vous étes incor-
rigible... Vous avez vu mon fils à Prague?
N'est-ce pas qu'il est bien, mon Henri? Oh!
que je sais gré aux royalistes français
d'étre venus de si loin pour lui dire qu'ils
l'aiment toujours...! J'ai vu mes enfans;
tout à l'heure je vais les revoir.... Je me
rends chez le roi..... Je vous reverrai ce
soir....

— Je ne sais, répondis-je, si la police
me laissera séjourner ici jusque là ; si
Madame daigne dire un mot pour nous,
nous ne serons peut-être pas renvoyés.

— Oh ! ce n'est pas de Français comme
vous que l'empereur d'Autriche doit se
méfier..;je vais parler de vous à ma sœur....
A ce soir.

De l'hôtel où était descendue MADAME, il n'y avait pas loin à l'*hôtel de l'empereur*, où logeait le roi Charles X; la démarche de Madame était légère, sa mise simple et élégante; une robe de moire, couleur de feuille d'automne faite comme celles que nous lui avons vues à Paris, lui allait à merveille; ses beaux cheveux blonds relevés en coques étaient séparés sur son front et rattachés sous une espèce de turban de tulle; son petit pied chaussé de satin noir, effleurait le pavé, car elle allait vite, ses enfans l'attendaient.

Bientôt nous l'aperçûmes à une fenêtre ouverte; la famille l'entourait et son fils et sa fille l'embrassaient à l'envi.... Oh! c'était là un tableau à faire... Oh ! c'était là un de ces momens qui paient de toutes les peines.

Je ne sais si quelqu'un aurait pu contempler pareille scène avec des yeux secs, avec un cœur froid, mais, certes, ce n'était ni moi, ni mes amis. . . . .

. . . .

Pendant que les choses se passaient ainsi, mon compagnon de route, Alfred, était aux prises avec un homme de la police, qui lui avait demandé son passeport, et qui, voyant qu'il avait été visé à Vienne pour Munich, lui faisait un tort d'être venu à Léoben.

A cela, Alfred répondait que ce n'était pas sa faute si les postillons ne l'avaient pas compris, et s'ils l'avaient amené à Léoben au lieu de le conduire à Munich.

A toutes ces raisons, l'imperturbable

commissaire de police répondait qu'il fallait partir tout de suite.

C'est alors que j'arrivai, et que je représentai que nous ne pouvions pas nous remettre en route, avant de nous être reposés quelque temps. A grand'peine l'Allemand nous accorda une heure; j'en profitai pour aller chercher et obtenir une permission de séjour jusqu'au lendemain matin.

Vous sentez bien que nous ne voulions rien voir à Léoben que ceux que nous y étions venus chercher; il eût fait grand jour, que nous n'eussions pas demandé à aller voir le jardin, la maison historique et l'obélisque à la Paix de M. d'Eckenwald : ce qui occupait nos esprits, c'étaient nos princes.

Le soir, S. A. R. Mademoiselle daigna me recevoir, et lorsque je lui eus dit que j'étais venu de Vienne avec un Français qui n'avait pas encore eu l'honneur de lui être présenté, elle dit avec vivacité : *Où est-il donc le Français que je n'ai pas vu? qu'il vienne vite;* alors je nommai à S. A. M. de Philibeaucourt; elle fut pour lui, ce qu'elle est toujours, bonne, avenante et gracieuse.

Elle nous redit toute la joie qu'elle et son royal frère avaient eue en revoyant, après tant de fatigues et de dangers, leur noble et vaillante mère.

Vous la reverrez ce soir, nous dit-elle : *Il faut la revoir; elle a tant souffert, notre pauvre mère! il faut qu'elle sache combien vous l'aimez! combien vous nous ai-*

mez tous! mon frère lui a raconté votre voyage à Prague, et elle en a été bien heureuse.

Quand l'heure fut venue; quand nous sûmes que *Madame* était de retour à son hôtel, nous nous y rendîmes...; j'avais vu de ses soirées du pavillon Marsan; j'étais plus fier d'être admis à celle de Léoben!.. Le matin, j'avais remarqué de la pâleur et quelque altération dans les traits de S.A.R.; mais le bonheur de s'être retrouvée en famille, d'avoir embrassé ses enfans, lui avait redonné de la vivacité et de l'enjouement; en nous voyant venir, elle nous dit: *Ah! il y avait long-temps que je n'avais été si heureuse; dans la même journée, voir mes enfans et mes amis, faire un dîner de famille, et pouvoir parler de la France avec vous, c'est un bonheur qui m'était dû, pour effacer toutes mes peines. Car, voyez-vous, M. Walsh; j'ai bien souffert!*

Quand M. Philibeaucourt et Alfred lui eurent été présentés, elle répéta combien elle serait à jamais reconnaissante de la démarche que les royalistes venaient de faire à Prague, pour saluer la majorité de son fils; et avec cet orgueil maternel *qui se répète*, elle dit encore : *N'est-ce pas, qu'il est bien, mon Henri !*

Au bout de quelque temps, Madame daigna m'emmener dans l'embrasure d'une fenêtre, et c'est alors que je sus combien la mère de Henri V connaissait les amis de son fils.... Oh ! *le verre d'eau* donné en son nom, comme elle en est reconnaissante !..... Comme elle a *tout vu, tout su* et *rien oublié* des bons procédés que l'on a eus pour elle ! des sacrifices qu'on lui a faits !... Tout cela est gravé dans sa mémoire ; tout cela vivra dans son cœur.

Bons habitans du Bocage, ne craignez pas qu'elle mette jamais en oubli votre courageuse hospitalité. Oh ! non, elle jettera loin d'elle, comme une chose sale et vile, le souvenir des hypocrites qui l'ont trompée et trahie ; mais vos noms, elle les enseignera à ses enfans, pour qu'ils les bénissent ; et ce sera de vous qu'elle dira désormais : *les Vendéens sont de si bonnes gens !*

Parmi les noms que S. A. R. me cita, et que je puis redire, furent ceux de *Bascher,* de *Cathelineau,* de *Bonne Chose* et de *La Roberie.* Ceux-là sont morts ; que le juste-

milieu qui les a tués, permette que ce souvenir de l'héroïne parvienne à leurs familles, aux pères, aux mères, qui pleurent
leurs fils; le juste-milieu aurait mauvaise
grâce de refuser cette consolation; elle ne
lui coûtera rien; ce ne sont point des pensions qu'on lui demande, c'est de laisser
parvenir des souvenirs à des tombeaux.

. . . .

Dans tout ce que dit, dans tout ce que
rêve Madame, il y a une pensée fixe: l'amour
de la France et la haine de l'étranger......
Je ne pourrai jamais vous donner une idée
vraie de l'expression de sa physionomie, du
son de sa voix et de la noblesse de son
geste, quand quittant la console, sur laquelle elle était appuyée, elle me dit assez
haut pour être entendue dans tout le salon :
J'ignore les destins futurs de la France ; je

ne sais qu'une chose , qu'une chose que je vous charge de redire à mes amis et à mes ennemis, si jamais..... oui , si jamais trois baïonnettes étrangères se croisent contre la France , j'irai me mettre à l'encontre , et leur présenterai ma poitrine... Si une balle ennemie vient à étre tirée, c'est là qu'elle doit frapper.

Et parlant ainsi , la mère de Henri V nous montrait son noble cœur..............

Mais, mon père, cherchons dans tout ce que nous connaissons , l'homme le plus frotté de neige, le plus cuirassé d'indiffé-rence , le plus enveloppé de lui-même, le plus *ratatiné* dans de sordides idées, le plus desséché, le plus ossifié d'égoïsme, mettez-le à ma place ; faites-lui prendre , comme moi, congé de cette femme énergique que l'adversité n'a pu vaincre ; qu'il sente sa main pressée par cette royale main, et s'il n'est pas fortement, profondément ému, c'est qu'il est plus insensible que le marbre, plus froid que la glace, plus impassible que la mort.

En sortant du salon, je ne voyais plus, et j'entendais toutes mes artères battre au-dedans de moi, comme si elles avaient voulu se briser.

Philibeaucourt, Alfred étaient aussi agités, et, quand nous nous trouvâmes tous les trois dans la rue, un même mot sortit de nos bouches : quelle femme !...........

A minuit, tout dormait dans Léoben, tout dormait, et cependant un vieux roi était là avec toutes les douleurs du bannis-

sement, les infirmités du vieil âge, les tour-
mens de l'esprit agité de fièvre ; cherchant
un peu de ce repos, que le dernier ouvrier
de la petite ville avait trouvé après son
travail de la journée. Rois dans l'exil! rois
sur le trône, dorment mal aujourd'hui ;
leurs palais craquent de toutes parts!......

— Faut-il donc se faire républicains ?

— Non, cent fois non, il faut rester fidèles à la cause des rois ; nous ne leur avons
pas fait nos sermens seulement pour le
temps de leur prospérité. *Quand même !
quand même*, c'est notre devise ; mais si
jamais je pouvais déserter, j'aimerais mieux,
je vous le dis, passer au camp d'Armand
Carrel, qu'à celui du juste-milieu.........

Le lendemain matin, nous étions en

route; et, ce que j'avais éprouvé en m'éloignant de Prague, je le ressentais en quittant Léoben..... Comme pour nous distraire de nos regrets, le pays devint bientôt admirable, mais rien ne nous ôtait notre pensée fixe. Il n'y a pas de beau pays pour les exilés; c'est la patrie qu'ils rêvent, et c'est la patrie qu'ils ne peuvent revoir..... Nous venions de laisser le vieux roi Charles X, malade dans une auberge à plus de trois cents lieues de France!.... Le fidèle Bougon qui a soigné les derniers et cruels instans du fils, veille à la conservation des jours du père !.... C'est lui aussi qui dirige l'hygiène de Henri V et de Mademoiselle. Les royalistes doivent des remercimens à ses soins ; il remplit bien sa mission.

De Léoben à Salzbourg, la route est magnifique; les hautes montagnes qui donnènt tout de suite du grandiose à un paysage, nous les avons eues encore quelque temps ; *mais elle nous avaient fait place.* Elles s'étaient reculées à droite et à gauche, et encadraient merveilleusement bien la délicieuse vallée verdoyante, que nous longions à travers cent villages, plus jolis, plus pittoresques les uns que les autres. Saint-Gilgen surtout, nous a laissé un souvenir de beauté ; aux pieds de ces monts qui vont porter leur chevelure de sapins dans les nues, se voient des lacs, pour lesquels Lamartine semble avoir fait exprès ce vers :

Là, le lac immobile étend ses eaux dormantes.

Là vraiment, *l'eau dormait ;* pas un souffle d'air pour la réveiller, pour en agiter la surface, pour briser le miroir qui reflétait les montagnes avec leurs rochers perçant le gazon, avec leurs couronnes de forêts.

Tout le chemin que nous parcourûmes dans la journée du 17, est une suite d'enchantemens; oh! si nos cœurs n'avaient pas été si remplis de regrets, nos esprits si préoccupés de souvenirs, nous aurions ralenti notre course, nous eussions imité les rivières qui jouent dans la vallée, et qui font mille et mille détours, comme pour n'en pas sortir si vite.

Salzbourg, d'où je vous écris, est une ville remarquable, par toutes les choses qu'elle offre à la curiosité des voyageurs; avec d'autres dispositions, je vous ferais un long récit de tout ce que nous venons de voir en courant et d'une manière distraite.

Un cirque avec ses galeries, ses loges, son arène taillée dans le roc...

Le temps qui ronge et fait tomber une à une les pierres du Colisée, pourra-t-il quelque chose contre le cirque de Salzbourg?

Dans une rue, nous avons remarqué sur la façade d'une maison, un portrait peint; c'était celui de Paracelse; c'est là qu'il est mort. La maison où est né Mozart, est aussi montrée aux voyageurs; en nous faisant voir son berceau, on nous fit remarquer dans une chambre voisine le lit où il a rendu le dernier soupir, en prêtant l'oreille aux concerts des anges qu'il croyait entendre.

La vie de Mozart a eu bien des traverses,

mais au moins il est mort sous le toit natal !.... Nous venions de voir qui mérite
aussi bien la protection d'en haut que le
génie, c'est la *vertu*. Pareil bonheur lui
sera-t-il donné?

La porte neuve percée dans une montagne, appelée Monchsberg, est un magnifique ouvrage. Quand les voitures
roulent sous cette longue voûte, on prend
une grande idée de celui qui a eu la main
si puissante : c'était un évêque. Son buste,
taillé dans le rocher, se voit au-dessus de
cette porte imposante, avec cette belle
inscription :

Te saxa loquuntur.

Mais ce qui fait surtout la réputation de
Salzbourg, ce que ses habitans font voir

avec orgueil, c'est *leur cimetière*, où repose le fameux Paracelse; un cloître à arcades avec des peintures à fresque, forme un vaste carré à l'entour des morts.

Le culte des morts est bien entendu en Allemagne... Pour consoler ceux qui, pour quelque temps, leur survivent, on y a assis la Religion et l'Espérance sur les tombeaux.

Cette pensée de mort me fait souvenir que lorsque avant-hier, à cinq heures du matin, dans cette froide saison d'automne, quand nous sommes partis de Léoben, nous avons vu une femme; elle se rendait à l'église.

Cette femme a la majesté d'une reine ; elle a plus, elle a comme la gloire du martyre qu'elle tient de son père et de sa mère, et de ses longues souffrances...; la plus affligée entre toutes les femmes; c'est elle qui console toutes les afflictions; née pour le trône, ses premiers jours se sont passés en prison, tout proche de l'échafaud des siens....; et puis un long exil.., et puis quelques courtes années au soleil de la patrie...; et puis encore l'exil....; et puis quelque chose de pire que l'exil!..... l'ingratitude la plus noire, la plus basse, la plus vile ingratitude de ceux auxquels elle n'avait fait que du bien!...

Cette femme que nous avons vue de si bonne heure, enveloppée dans un schall noir et se rendant à l'église, dont la cloche tintait une messe des morts.... à toutes les grandeurs d'infortune que je viens d'énumérer, à tous ces titres que je

viens de vous redire, vous l'avez re-
connue.

C'était madame la dauphine!...

Révolutionnaires de France, qui la
haïssez comme le crime exècre la vertu,
savez-vous quel était le jour où elle allait
ainsi prier avant le lever du soleil?

C'était le jour où vous avez tué sa
mère !

C'était le seize octobre!!...

Oh! il y a des cœurs qui ont plus de
miséricorde que vous n'avez de crimes!

PIÈCES JUSTIFICATIVES.

Voici de nouveaux détails sur le retour à Prague de la famille royale que nous empruntons à notre correspondance particulière.

« Vous savez sans doute déja que la famille royale, après un long voyage, est de retour à Prague. Elle avait quitté Léoben le 28 du mois dernier, et s'était séparée de Madame en lu donnant les marques d'une sincère affection. Le jeune prince et sa sœur, après avoir joui pendant trois jours de la présence de leur auguste mère, et de ses tendres embrassemens, avaient eu bien de la peine à s'arracher de ses bras ; l'espérance de la revoir bientôt à Prague, avait pu seule calmer leurs vifs regrets.

« L'on s'était réuni, et par conséquent l'on

s'était entendu. Les vrais sentimens de tous les membres de la famille royale s'étaient fait jour à travers les petites intrigues, qui jusqu'ici en gênaient l'expression. L'excellent cœur de Charles X, ne trouvant plus, entre sa noble fille et lui, les égoïstes combinaisons de quelques hommes, avait fait éclater toute sa tendresse, et S. A. R. Madame avait répondu à ces témoignages d'amour, avec toute la sensibilité qui la caractérise. Quelques intérêts de personne s'étaient éclipsés devant les intérêts généraux, devant ceux qui regardent le bonheur de la France; et les sentimens d'amour paternel et filial s'étaient trouvés d'accord avec la plus sage politique.

« Il est plus facile d'imaginer que de décrire les scènes touchantes, dont Léoben fut le théâtre pendant trois jours. Il y en eut une surtout qui, par sa simplicité même, fut sublime. Ce fut Madame, entourée de ses enfans, répondant à leurs questions empressées, racontant avec calme à

Henri le courage de la Vendée, à Louise les peines de la prison : Madame parle peu d'elle-même, exaltant le dévoûment de ses fidèles compagnons d'armes.

« Une autre scène, non moins touchante, fut celle des témoignages d'affection échangés entre madame la dauphine et S. A. R. Madame. On était heureux de contempler les deux héroïnes de notre âge, unies par une même et grande pensée : aussi les plans de Léoben, inspirés par l'amour de la patrie, et par le tendre intérêt porté au jeune prince, proposés ou approuvés par Madame, trouveront leur accomplissement dans la communauté des sentimens des deux princesses.

« Une grande partie des Français, que l'époque mémorable du 29 septembre avait attirés à Prague, y attendaient encore le retour de la famille royale. Avec quelle joie ne revirent-ils pas leur jeune prince ! Quelles espérances firent

naître dans leurs cœurs les sages résolutions de
Léoben , dont plusieurs n'avaient pu rester igno-
rées ! Quelles garanties ne trouvèrent-ils pas dans
cette preuve solennelle d'une parfaite union qui
aura son retentissement en France !

« Le retour de la famille royale à Prague , fut
donc pour les fidèles légitimistes une seconde
occasion d'exprimer leurs profonds sentimens de
respect pour Charles X , les vœux des Français
et leur entier dévoûment pour le jeune prince
sur qui reposent les destinées de la France. Parmi eux, on remarquait la députation de la ville
de Bordeaux, composée d'hommes distingués ,
appartenant à toutes les classes de la société.
D'abord elle fut reçue par madame la dauphine ,
qui montra dans son bienveillant accueil combien le souvenir du dévoûment de la ville de
Bordeaux lui était encore cher. S. A. R. fit voir
que si elle avait conservé la mémoire des événemens, elle n'avait pas oublié non plus les hommes
dévoués qui y prirent part : elle daigna redire

leurs noms. Ainsi , plus d'un zélé royaliste va trouver, dans cet auguste souvenir , au retour de ses compatriotes, la récompense de services que vingt années de gloire et de désastres n'ont pu effacer du cœur royal de madame la dauphine.

« Mme la dauphine combla de marques de bonté les Bordelais ; elle leur parla d'Henri V avec tendresse et sollicitude. *Avez-vous vu votre ancien duc ?* leur demanda-t-elle , avec l'accent le plus affectueux : il sera digne de votre dévoûment et des nobles sentimens que vous exprimez. — Charles **X** accueillit aussi les députés de Bordeaux et les autres Français qui les accompagnaient, avec cette franche bonté qui le caractérise ; il leur parla long-temps de la France, puis il leur dit : *Je vous élève un jeune roi ;* sa tâche sera difficile, mais j'espère que la force et le courage ne lui manqueront pas pour la remplir dignement.

« Enfin, après avoir exprimé au vénérable monarque tout le respect dont ils étaient pénétrés, les députés bordelais se rendirent chez le prince, à qui ils offrirent les présens que la ville de Bordeaux lui envoyait.

« Le jeune Henri reçut cet hommage avec noblesse et sensibilité, et lorsqu'un des membres de la députation de Bordeaux, qui n'avait pu arriver à temps pour le jour où la députation française avait salué sa majorité, lui eut adressé un discours pour rappeler cet événement, le jeune prince répondit :

« Messieurs,

« Dites à vos fidèles compatriotes que de loin
« comme de près, mes premiers vœux seront
« pour ma patrie ; dites-leur que la ville dont
« j'ai reçu le nom en naissant, ne cessera jamais
« d'avoir des droits particuliers à mon attache-
« ment ; que je connais la conduite qu'elle a

« tenue en 1814, et que je n'en perdrai pas le
« souvenir; dites encore que le jour le plus
« heureux de ma vie sera celui où je verrai tous
« les Français unis par un même sentiment; car
« alors rien ne pourra plus s'opposer à la pros-
« périté de notre belle patrie. Quant à vous,
« Messieurs, qui êtes les organes d'un grand
« nombre de vos concitoyens, soyez assurés de
« ma reconnaissance; les sacrifices auxquels
« vous vous êtes soumis pour me faire con-
« naître leurs vœux, me donnent la ferme assu-
« rance que nous serons toujours unis dans la
« bonne comme dans la mauvaise fortune. »

« Depuis ce jour, le jeune prince vit souvent
les députés français, et ce fut toujours avec un
vif plaisir. Ils furent successivement invités à sa
table; ils purent se convaincre de la vérité de
tout ce que la renommée avait proclamé sur lui,
et connurent encore qu'elle n'avait pas tout dit.
On admira ses manières et sa vivacité si françaises; on applaudit à ses sentimens dans lesquels

brille toujours l'amour de la patrie, sentimens qui ne peuvent que grandir, sous l'heureuse influence de l'illustre prélat et du noble guerrier, l'un et l'autre si Français de cœur, qui vont désormais, d'accord avec tous les membres de la famille royale, d'accord avec les vœux de la France, remplir l'importante mission d'élever un roi. »

Notre ouvrage étant imprimé lorsque nous avons reçu la note suivante d'un de nos amis d'Angers, nous nous sommes vu, à regret, forcé de rejeter les détails qu'elle contient à la fin de ce volume.

« D'après le désir manifesté par un grand nombre de légitimistes de l'Anjou, une réunion eut lieu, le 11 septembre 1833 , chez M. Théodore de Quatrebarbes, dans le but d'élire des jeunes gens pour faire le voyage de

Prague et de leur donner le mandat de représenter la jeunesse royaliste de la province, au jour de la majorité de Henri V.

« MM. Auguste Myonnet, négociant, Burolleau, avocat; Alfred Hebert, Henri de Maquillé et Louis de Quatrebarbes réunirent les suffrages [1]. Sur le vœu de l'assemblée composée de toutes les classes de la société, ils adjoignirent M. Pineault, capitaine vendéen, décoré de neuf coups de feu, et de trois coups de sabre. Ce vieux débris des anciennes guerres, compagnon de Henri de la Rochejaquelein et de Charette, était digne de représenter auprès du prince ces fidèles soldats du Bocage, que l'envie seule peut calomnier mais que l'Europe admire.

---

[1] M. Édouard de Narcé, qui déja s'était acheminé vers le but du pèlerinage, fut adjoint à la députation. Plus heureux que ses collègues, il a présenté au jeune prince l'hommage de sa fidélité et de ses espérances.

« Les jeunes députés ne cachèrent ni le mandat qu'ils avaient reçu, ni le but de leur pèlerinage. M. Barthélemy, préfet de Maine-et-
Loire, leur délivra avec la meilleure *grâce* des
passeports pour Prague. On assure que ce fonctionnaire dit en les signant : *Je les laisse partir,*
mais on saura les rejoindre à la frontière.
Ainsi d'une main, il assurait aux voyageurs la
protection du pouvoir, tandis que de l'autre, il
attendait du ministère leur arrestation. Voilà
du juste-milieu. A Paris, même facilité pour faire
apposer sur les passeports les visas, du préfet
de police, du ministre des affaires étrangères et
des ambassadeurs. Mais la prédiction de M. Barthélemy devait s'accomplir. Arrivés à Strasbourg
les membres de la députation d'Anjou furent
soumis à la fouille la plus minutieuse, opérée
par un commissaire de police sur l'ordre de
M. Chopin d'Arnouville, préfet du départe-
ment. Une copie du procès-verbal de la réunion
fut trouvée sur l'un d'eux, M. Auguste Myonnet. Telle est cette pièce que les journaux mi-

nistériels ont représentée comme preuve d'un vaste complot dont le but était de détruire le gouvernement. Fier d'avoir sauvé la patrie d'un péril aussi imminent, M. Chopin d'Arnouville ordonna l'arrestation des *conspirateurs*, sous dépôt provisoire, le juge d'instruction s'étant refusé à décerner un mandat d'arrêt. L'acte d'in-dépendanee de ce magistrat fut hautement approuvé par la chambre du conseil du tribunal de première instance, dans une ordonnance de non-lieu et de mise en liberté immédiate. M. Karl, substitut du procureur du roi, forma opposition devant la cour royale de Colmar. La chambre des mises en accusation de cette cour, d'après une lettre du garde-des-sceaux maladroitement citée dans les considérans de l'arrêt, puisque cette lettre a disparu des pièces de la procédure, renvoya les prévenus devant le procureur du roi d'Angers.

« En conséquence des ordres de M. Barthe, les jeunes députés furent mis à la disposition de la gendarmerie. Il n'est sorte de tracasseries sur les moyens de transport et les routes à suivre, qu'ils n'aient eu à éprouver. Aussi employèrent-ils quatorze jours à faire un voyage qui n'en demande que 5 par les voies ordinaires.

« Écroués à la prison d'Angers, ils y trouvèrent retenus pour la même cause, MM. Testu-Morteau et Théodore de Quatrebarbes. MM. Gain, avocat, rédacteur du procès-verbal, et Hébert, notaire, qui en avait certifié le contenu, étaient enveloppés dans la même poursuite, quoique jouissant de la liberté.

« La procédure instruite de nouveau, la chambre du conseil du tribunal de première instance et la chambre des mises en accusation de la cour royale ont successivement rendu des ordonnances de non-lieu, malgré les instances des membres du parquet. Le procureur-général, M. Gaultier, qui lui-même avait présenté son réquisitoire devant la chambre des mises en accusation de la cour royale ; déboutée de sa plainte, dans le seul but de prolonger de quelques semaines la captivité des jeunes députés, a rappelé en cassation ; exemple unique, depuis l'existence de la cour royale d'Angers, d'un pourvoi en cassation de la part du parquet contre une ordonnance de la chambre des mises en accusation.

Plusieurs journaux ayant annoncé que MM. de Janville et de Triquerville avaient été arrêtés à la frontière, ces messieurs nous prient de rectifier cette erreur, et de dire qu'ils faisaient partie de la députation, et qu'ils étaient à Buschtirhad le jour que le jeune prince a reçu les hommages des royalistes.

Pour compléter ces souvenirs de Prague, pour que les amis de nos princes sachent toute leur vie là-bas, nous ajouterons de courtes notices sur les personnes attachées au jeune prince vers lequel se tournent toutes les pensées de la France royaliste.

Nous donnons de rapides notes bien imparfaites sans doute et sur M. de Latour-Maubourg, et sur M. le général d'Hautpoul, et sur M. d'Hardivilliers, et sur M. de La Vilatte.

Nous croyons superflu d'en ajouter une sur le compte de Monseigneur l'évêque d'Hermopolis ; ses œuvres sont entre les mains de tout le monde, et c'est bien le cas de dire là, que le style est tout l'homme.

Avec trois mots, nous pourrons résumer tout le célèbre auteur des Conférences : RELIGION, TOLÉRANCE, LIBERTÉ.

M. DE LATOUR-MAUBOURG.

L'éducation de Henri de France ayant été remise au général marquis de Latour-Maubourg, nous croyons que nos lecteurs se rappelleront, avec plaisir, les principaux faits qui ont marqué la glorieuse carrière de ce vétéran de l'honneur français.

Né en 1756, Marie-Victor Fay, marquis de Latour-Maubourg, entra, en 1782, au régiment de Beaujolais (infanterie), avec le grade de sous-lieutenant; en 1786, il était capitaine dans un régiment de cavalerie, celui d'Orléans. La révolution le trouva sous-lieutenant des gardes-du-corps; il donna d'éclatantes preuves de courage et de dévoûment dans la fatale nuit du 5 au 6 octobre 1789. Émigré après le 10 août, il rentra en France en 1799, et alla servir à l'armée d'Égypte, où Kléber le nomma son aide-de-camp. Promu bientôt au grade de colonel, il fut blessé à la tête, en défendant Alexandrie contre les Anglais. Général de brigade à Austerlitz, il fit les campagnes de Prusse et de Pologne ; il reçut à Dieppen une balle dans le bras , et gagna le grade de général de division à la bataille d'Eidelberg, où il se couvrit de gloire. Il fut grièvement blessé à la bataille de Friedland, qui termina la guerre de Prusse.

En 1808, M. de Latour-Maubourg passa en Espagne , où il commanda toute la cavalerie de l'armée du midi ; il se signala à Cuença, à Santa-Martha et à Villalba , au siége de Badajoz et à la bataille de Gabora.

Tel était le respect que ce brave officier avait su inspirer aux Espagnols par sa modération , sa sagesse et son intégrité, que dans la retraite de Cordoue , au milieu d'une guerre acharnée, il voyageait sans escorte , et que les Espagnols postaient des piquets sur la route pour lui faire honneur : ils allèrent jusqu'à lui renvoyer intacts des paquets de lettres à son adresse.

Ayant quitté l'Espagne en 1812, M. de Latour-Maubourg se rendit à l'armée de Russie; il fit des prodiges de valeur à Mojaïsk, à la tête du premier corps de cavalerie, et protégea constamment la retraite. Dresde et Leipsick furent encore témoins de son admirable bravoure; mais à cette dernière bataille, un boulet de canon lui emporta une cuisse et mit fin à sa carrière militaire. Son valet de chambre, accouru au moment où son maître fut frappé, se livrait au désespoir : « Qu'as-tu donc à pleurer? dit froidement Latour-Maubourg : tu ne cireras plus qu'une botte, et voilà tout. »

Pendant la funeste période des cent jours, M. de Latour-Maubourg refusa tout emploi. Après la chute de M. Decazes, la confiance royale l'appela au ministère de la guerre, où il répara les fautes du maréchal Gouvion-Saint-Cyr. Quand les nouveaux ministres se retirèrent à leur tour devant M. de Villèle, M. de Latour-Maubourg fut nommé gouverneur des Invalides, et vécut dans cette honorable retraite jusqu'à la catastrophe de juillet.

Pendant la guerre civile des trois journées, l'hôtel des Invalides fut envahi par une populace furieuse; le gouverneur se présenta à elle avec ce calme qu'il avait si souvent montré au milieu des batailles, et le peuple resta silencieux devant lui. Enfin, quelqu'un élevant la voix du milieu de la foule, lui reprocha d'avoir donné aux gardes royaux les vivres de l'hôtel. « Oui, je l'ai fait, répondit M. de Latour-Maubourg, et je n'ai regretté qu'une chose, celle de n'avoir pas davantage à leur donner. » La foule se retira, et bientôt l'illustre guerrier, refusant son adhésion à l'ordre de choses, rentra dans la vie privée, où le respect de la France entière l'a suivi.

Voilà l'homme auquel sera confié le soin de montrer à notre Henri le chemin de la gloire et de l'honneur. Certes, le choix est bon, et la France peut être tranquille.

M. LE GÉNÉRAL D'HAUTPOUL.

M. le marquis d'Hautpoul, élève distingué de l'école Polytechnique, entra dans l'artillerie à cheval à l'époque de la réunion de la grande armée au camp de Boulogne. Sa conduite à la bataille d'Austerlitz lui ouvrit les rangs de la garde impériale. Dans cette arme, composée de l'élite de l'armée française, le mérite et les qualités militaires du marquis d'Hautpoul le firent assez remarquer pour que Napoléon, connaisseur en hommes et en talens, le rapprochât de sa personne en qualité d'officier d'ordonnance. Ceux qui connaissent M. le marquis d'Hautpoul, dont la modestie égale le mérite, n'ont pas besoin qu'on leur dise que ce ne fut ni à l'intrigue ni à la faveur qu'il dut ce grade élevé.

Le général d'Hautpoul concourut à toutes les campagnes de Napoléon, depuis le camp de Boulogne jusqu'à la bataille de Dresde, où il reçut une blessure qui fit craindre long-temps pour sa vie.

A la bataille de Pultusk, ayant été envoyé en mission, par l'empereur, près du duc de Reggio, le maréchal le remarqua à ses côtés dans le plus chaud de l'action, et lui dit en riant : « Que penserait l'empereur pourtant, si j'allais lui faire tuer son officier d'ordonnance d'affection?—Ce qu'il penserait? reprit vivement le général d'Hautpoul qui savait conserver sa présence d'esprit jusqu'au milieu du danger, il penserait que je me trouvais près de la personne de M. le maréchal. »

Après l'abdication de Fontainebleau, le mar-

quis d'Hautpoul prit son rang comme sous-lieutenant dans les gardes-du-corps. Une fois ac-
quise à la branche aînée des Bourbons, sa fidélité ne se démentit pas plus au 20 mars qu'elle
ne s'est démentie plus tard à la révolution de
juillet.

A la création de la garde royale, le marquis
d'Hautpoul fut désigné pour organiser le régiment d'artillerie à cheval, dont il conserva le
commandement jusqu'à l'époque où nommé
maréchal-de-camp, il fut placé d'abord à la
tête de l'école d'artillerie de la garde, et ensuite
de l'école royale d'état-major. C'est dans cette
dernière position que la révolution de juillet le
trouva. La défense de l'hôtel des Invalides, à
laquelle il concourut puissamment avec ses
élèves, prouve bien qu'il était digne d'être le
second du général Latour-Maubourg.

On sait que le drapeau blanc flottait encore
sur le dôme de la chapelle, tandis que celui de

la révolution avait déja été planté sur tous les autres monumens publics. Aussi l'insurrection, victorieuse partout ailleurs, s'était-elle réunie sur ce seul point ; l'esplanade fut envahie ; bientôt les grilles furent forcées, et la foule furieuse se précipita dans l'hôtel.

M. de Latour-Maubourg, accompagné du général d'Hautpoul, s'étant présenté sur le perron du grand escalier avec ce sang-froid qui caractérise le héros de Bautzen, fut sommé par un élève de l'école Polytechnique qui paraissait commander cette multitude forcenée, d'aller à l'instant substituer le drapeau tricolore au drapeau blanc. Tout le monde connaît la réponse du vieux guerrier : «Croyez-vous que celui qui a laissé une partie de lui-même sur les champs de bataille, déshonorera ses cheveux blancs par une lâcheté ? » Alors le même élève ayant appuyé sur la poitrine du vieux général un sabre d'infanterie, prêt à l'en frapper :

« Malheureux ! s'écria le général d'Hautpoul, en saisissant le bras de ce forcené, quoi !
c'est vous qui, par votre éducation, devriez ra -
mener cette multitude au devoir, qui ne craignez pas de lui donner l'exemple d'une lâcheté !
Pensez à l'uniforme que vous portez ! Cette
vive apostrophe suffit pour désarmer le jeune
homme furieux, et faire succéder la honte et le
repentir au premier mouvement de frénésie ; la
foule elle-même ne tarda pas à s'écouler et à
abandonner l'hôtel.

Tout militaire applaudira au choix que le
roi Charles X et que Madame, duchesse de
Berry ont fait de M. d'Hautpoul ; il a laissé dans
l'armée une belle et noble réputation, et c'est
bien fait que de mettre de pareils hommes près
d'un jeune prince.

A l'école du général d'Hautpoul, Henri de
France apprendra que la franchise, la loyauté,
l'abnégation entière de soi-même, l'amour du

pays sont le cachet du militaire et du bon citoyen. Et, nous le savons, les leçons venant de
l'honneur et du courage seront toujours bien
entendues et bien apprises par le royal exilé.

M. D'HARDIVILLIERS.

Les beaux-arts continuent à être enseignés aux
jeunes princes exilés par un compagnon dévoué
de leur bannissement. M. d'Hardivilliers, ancien
garde-du-corps, reste leur maître de dessin, et
nous avons tous à nous en réjouir, car c'est
toujours un bonheur qu'un ami de plus.

M. d'Hardivilliers emploie son talent à retracer
les scènes et d'Holyrood et de Bohême. Nous
avons vu dans son atelier l'Arrivée de Charles X
à Edimbourg ; nous avons aussi remarqué deux
portraits, l'un de Henri V et l'autre de Made-

moiselle ; ces deux portraits font honneur à son pinceau. En ce moment, le peintre royaliste travaille à un tableau commandé par le vieux roi, et qui retracera le moment où de jeunes Français sont venus célébrer, dans la capitale de Bohême, les journées de la majorité.

Henri V a voulu que le croquis de cette composition formât un album où sont tous les portraits des légitimistes français venus à Buschtirhad. Nous avons vu un grand nombre de ces portraits ; ils sont tous d'une grande ressemblance. Nous avons vu aussi, près du prince, le brave et loyal La Villatte, et pour faire connaître cet homme, digne des anciens jours, nous ne pouvons rien faire de mieux que d'emprunter à un de nos amis la notice qu'il a publiée dans le Réparateur de Lyon.

M. DE LA VILLATE.

C'est un noble dévoûment à inscrire en lettres d'or aux annales de la fidélité, que celui de ces Français généreux qui ont accompagné leurs maîtres sur la terre d'exil. Il est beau d'abandonner ainsi patrie, famille, amis, pour suivre à l'étranger la fortune de la France. De semblables exemples ne sont pas rares dans l'histoire, pour l'honneur de l'humanité. Toujours les grandes infortunes ont amené après elles de grands dévoûmens, comme si la Providence, lorsqu'il lui plaît d'humilier les rois en leur donnant de terribles leçons, leur réservait pourtant dans sa bonté paternelle la plus douce des consolations : un ami dans l'adversité.... Fidèles serviteurs de nos princes, nobles courtisans du malheur, vous avez des droits acquis à l'estime de tous vos compatriotes, sans distinction d'opinion ; car tel est le propre de ce qui est grand et généreux, de commmander l'admiration de tous les partis.

Mais nous, nous légitimistes français, nous vous avons voué une reconnaissance éternelle. N'êtes-vous pas, pour ainsi dire, près des augustes proscrits, les mandataires de notre fidélité? Ne nous représentiez-vous pas à Holyrood? Ne nous représentez-vous pas encore aujourd'hui à Prague? Et chaque jour, ne faites-vous pas entendre à la royale famille des paroles d'espoir, en lui répétant que des milliers de cœurs en France lui sont restés fidèles et l'appellent de leurs vœux?....

Aussi, comme au banquet du 29 septembre, à Prague, nous les environnions des témoignages de notre gratitude et de notre amitié! Comme, dans cette réunion de famille, où nous leur avions réservé les premières places, chacun se pressait autour d'eux, avide de recueillir les moindres détails sur la vie intérieure de nos

princes chéris, sur leurs occupations, leurs
regrets, leurs espérances ! Je vois encore debout
au milieu de nous, le brave La Villate, ce type
de la fidélité et de la loyauté chevaleresques,
heureux de parler de Henri V, qu'il chérit
comme un fils, heureux de sentir en ce moment
tant de cœurs vraiment français battre à l'unis-
son du sien et palpiter d'émotion à ses récits.
Je le vois encore s'efforçant de répondre à toutes
les questions qui l'accablaient de toutes parts,
ne sachant auquel entendre, s'agitant au milieu
de la foule pour nous engager à maîtriser un
instant notre impatience, qu'il comprenait
pourtant bien, et qui, j'en suis sûr, faisait aussi
par sympathie bouillonner son sang dans ses
veines. Je le vois enfin, quand le calme fut ré-
tabli, nous parler du roi, avec cette éloquence
brûlante et sans apprêts qui part du cœur, et
cette brusquerie, apanage des vieux *grognards*,
qui masque le plus souvent une bonté d'ame à
toute épreuve.

M. de La Villate est âgé d'environ cinquante-cinq ans : sa taille est au-dessus de la moyenne ; mais la largeur de ses épaules et l'ensemble de toute sa personne annoncent une vigueur peu ordinaire, avantage précieux qui nous donne pour la sûreté de Henri une garantie de plus. M. de La Villate est doué d'une de ces physionomies heureuses qui inspirent la confiance au premier abord, et où Lavater lui-même eût en vain cherché un trait, une ligne qui pût justifier la plus légère défiance, une de ces figures, en un mot, que votre imagination, en dépit de tous vos efforts, n'associera jamais avec l'ame d'un traître. Les épaisses moustaches de M. de La Villate, ses favoris et ses cheveux sont presque entièrement blancs ; pourtant ce ne sont pas les années qui ont blanchi sa tête : il était ainsi dès l'âge de quinze ans, et cette révolution dans son système physique a été occasionée par une circonstance de sa vie connue de bien peu de personnes, mais trop belle pour rester ignorée.

M. de La Villate père, ayant été arrêté sous le régime de la terreur, fut jugé et condamné à perdre la tête. On ne daigna même pas donner à l'acte d'accusation un semblant de justice; il était royaliste, et ce titre, à cette époque de sanglante mémoire, équivalait à un arrêt de mort. Dans la nuit qui précéda le jour fixé pour son exécution, son fils, à peine âgé de quinze ans, mit tout en œuvre pour parvenir jusqu'à lui et le sauver. Un des geôliers, séduit à force d'or, lui en facilita les moyens. Mais il restait au jeune La Villate un autre obstacle à surmonter. Il fallait persuader à son père de se revêtir de ses habits et de profiter, en abandonnant son fils dans les fers, de la seule chance de salut qui lui restât. Vaincu enfin par ses instances et ses larmes, M. de La Villate père céda et le quitta en gémissant, conservant toutefois au fond du cœur l'espoir que malgré le système de mort qui décimait alors la France, un exemple aussi rare de piété filiale, trouverait grâce devant ses bourreaux.

Son attente ne fut pas trompée. Le cœur des juges n'était pas encore fermé à tout sentiment d'humanité. On sursit au jugement du prisonnier, et bientôt il fut oublié parmi les masses de victimes que chaque jour amenait au tribunal révolutionnaire. Puis arriva le neuf thermidor avec la chute de Robespierre, et le jeune La Villate fut rendu à sa famille.

Mais une marque indélébile resta imprimée sur son front, pour attester son courageux dévoûment. Dans cette nuit terrible, l'angoisse qu'il éprouvait sur le succès de la fuite de son père, et l'anxiété sur le sort qui lui était réservé à lui-même, opérèrent sur lui une révolution dont les annales de la médecine rapportent plusieurs exemples amenés par des causes à peu près semblables. Ses cheveux blanchirent subitement...

C'était débuter noblement dans la carrière de l'honneur ; M. de La Villate n'a jamais démenti de si beaux commencemens : sa fidélité et son dévoûment à nos princes ont passé en proverbe. Enfin, pour me servir de l'expression du spirituel rédacteur de la *Mode*, il vaut, à lui seul, tout un bataillon de grenadiers. Comprenez-vous maintenant qu'avec de tels antécédens et des garanties semblables nous soyons rassurés et tranquilles sur le compte du jeune prince, quand La Villate est près de lui. Comprenez-vous pourquoi, durant notre séjour à Prague, il était de toutes nos réunions, de toutes nos parties ; pourquoi nous lui parlions sans cesse de Henri, nous le conjurions de veiller toujours à ses côtés, nous lui demandions sa parole d'honneur qu'il ne le quitterait jamais, qu'il en ferait surtout *un bon Français*, tâche d'autant plus facile que le prince l'aime beaucoup et a toute confiance en lui.

A tant de marques d'estime et de confiance, à tant de preuves d'amour pour l'enfant de la France, le brave La Villate ne pouvait cacher son émotion, et j'ai vu plus d'une fois couler de ses yeux une larme d'attendrissement qu'il cachait bien vite sous sa blanche moustache.

Souvent encore, en me parlant avec enthousiasme du jeune prince, il me citait de lui de ces traits qui annoncent une ame grande et noble, et décèlent tout un avenir de gloire et de félicité publique. Oh ! oui, il est parfaitement vrai que notre Henri est doué du naturel le plus heureux, que souvent il étonne les personnes qui l'entourent, par la sagacité de son esprit et la justesse de ses réflexions, qu'enfin il porte dans son cœur le germe des plus belles qualités qui se développeront activement, n'en doutez pas, sous les yeux et par les soins des hommes que l'influence de son auguste mère a fait arriver près de lui. Henri saisit et adopte avec empressement tout ce qui est vrai, et repousse sans examen, mais par le seul fait d'un esprit droit et juste, tout ce qui porte un caractère de fausseté. Il a en horreur la flatterie, et M. de La Villate, qui travaille sans cesse à fortifier cette antipathie dans l'ame du jeune prince, voit ses efforts couronnés d'un plein succès. J'en citerai pour preuve le trait suivant, parmi vingt autres de même nature.

Au mois de juin dernier, un officier français sollicita et obtint l'honneur d'être présenté à la famille royale à Prague. Charles X daigna même l'admettre à sa table; car, dans l'exil, il n'y a plus d'étiquette : tous les Français sont accueillis avec une égale bonté, sans autre distinction que celle de leur dévoûment et de leurs sacrifices à la cause de la légitimité. Après le dîner, l'officier eut l'honneur de faire la partie au billard du jeune prince. Aussi bon joueur qu'adroit courtisan, l'officier mettait en œuvre toute son adresse, non pour gagner, mais pour perdre. Cependant, malgré ses efforts, il jouait bien, par la force de l'habitude : il bloquait souvent son adversaire et ne manquait jamais de s'écrier : « Ah ! monseigneur, je demande mille pardons à votre Altesse Royale : ah ! quel *racroc* j'ai fait là.... En bonne règle, ce coup ne peut compter, etc. », et cent autres phrases sur ce ton. Le prince, à qui ce manége déplaisait fort, ne marqua d'abord son mécontentement que par un silence absolu ; mais l'officier ayant fait à dessein plusieurs fausses queues, la patience échappa tout-à-fait à Henri, qui jeta la sienne sur le billard, et se retira disant avec humeur : « *Je ne joue pas avec les flatteurs.* »

Quelques jours après, le jeune prince se promenait à cheval, suivi de M. de La Villate, lorsqu'il aperçut à une certaine distance le même officier qui avançait de son côté. « La Villate, La Villate, » s'écrie-t-il aussitôt en se tournant vers le fidèle serviteur, et lui lançant un regard expressif, « le voilà, le voilà : c'est le flatteur de l'autre jour. » Et piquant des deux, il partit au galop dans une direction opposée pour éviter la rencontre de l'homme qui avait blessé une susceptibilité d'autant plus admirable, qu'on s'attend moins à la trouver dans le cœur d'un roi.

Comment, à propos de M. de La Villate, en suis-je venu à parler de flatterie? Je n'en sais vraiment rien ; car si jamais deux mots ont hurlé de se trouver réunis, ce sont bien ces deux-là.

État des connaissances possédées par S. A. R. Mᵍʳ le duc de Bordeaux à la fin de juin 1833.

I. Latin. Au mois d'août 1830, Mᵍʳ le duc de Bordeaux arrivant au château de Lulworth recommença l'étude des premiers élémens de la langue latine sous la direction de M. Barande.

Depuis cette époque, Mᵍʳ a appris et possède : 1° tous les élémens de la grammaire latine rédigée par M. Barande, suivant une méthode particulière ; 2° toutes les racines de la langue latine telles qu'on les trouve dans le dictionnaire anglais de Mair. Mᵍʳ les a répétées d'un bout à l'autre un grand nombre de fois ; 3° tous les mots dérivés et composés des racines latines, d'après un travail particulier, fait par M. Barande pour son élève et écrit par Monseigneur.

Ainsi le prince possède tout le dictionnaire de la langue latine sans avoir eu aucun dictionnaire entre les mains.

Mgr a traduit successivement depuis le mois d'août 1830, jusqu'à la fin de juin 1833 :

1° Des morceaux choisis et extraits de divers auteurs, par M. Barande.

2° Les quatre premiers livres des Commentaires de César.

3° Toute la partie de Justin qui a rapport à Philippe et à Alexandre.

4° La presque totalité de Quinte-Curce.

5° Les règnes de Romulus, Numa, Tullus Hostilius dans Tite-Live.

Mgr est depuis long-temps en état de faire

l'analyse grammaticale et logique d'une phrase
latine quelconque , et il explique facilement
Tite-Live sans le secours d'aucun dictionnaire.
M⁸ʳ a rarement fait des thêmes écrits ; il a été
seulement exercé quelquefois à traduire verbale-
ment du français en latin.

Mˢʳ n'a encore reçu que quelques notions
imparfaites sur la poésie latine, et n'a expliqué
que quelques vers de Virgile.

S. A. R. n'a consacré régulièrement qu'une
heure un quart par jour au latin , y compris
études et leçons.

II. Grammaire. Au mois d'août 1830 , Mˢʳ le
duc de Bordeaux n'avait aucune idée de grammaire générale, et connaissait très peu la grammaire française ; il commettait en écrivant de
nombreuses fautes de français et d'orthographe.
Depuis cette époque, Mˢʳ a appris sous la direction de M. Barande , et possède aujourd'hui :

1° toutes les règles de la grammaire générale
applicable à la fois aux langues latine, française,
anglaise et allemande, avec les applications à chacune de ces langues en particulier ; 2° toutes les
règles particulières les plus importantes de la
grammaire française. Mgr a rédigé tout ce qui a
rapport à la formation des neuf espèces de mots,
l'analyse grammaticale et logique, les noms composés, les règles des participes présentées sous un
nouveau jour par M. Barande, etc.

Le temps n'a pas permis de finir la rédaction
de toute la syntaxe enseignée à S. A. R. et pos-
sédée par elle. D'après de nombreux essais faits
en présence de beaucoup de témoins, Mgr est en
état d'écrire le français sans aucune faute de langage ni d'orthographe, avec l'accentuation, la
ponctuation, etc. Mgr lit d'une manière remarquable.

Mgr a écrit tous les homonymes français et a
commencé un travail sur les synonymes.

S. A. R. n'a consacré régulièrement que trois heures par semaine à la grammaire, y compris études et leçons.

III. Allemand. Au mois d'août 1850, Mgr le duc de Bordeaux n'avait aucune connaissance positive de la langue allemande. Malgré les difficultés que cette leçon a présentées pendant long-temps, S. A. R. a appris sous la direction de M. Barande : 1° tous les élémens de la grammaire allemande générale et particulière ; l'analyse grammaticale et logique, la syntaxe, etc. Mgr a rédigé les principales règles ; 2° la plupart des racines de la langue allemande, avec les mots dérivés et composés, suivant la méthode appliquée à l'étude de la langue latine par M. Barande ; 3° tous les verbes irréguliers.

M^r a expliqué, sous les yeux de M. Barande, la collection d'histoires choisies à l'usage de l'École militaire, en deux volumes, et des morceaux extraits de divers auteurs allemands.

Lorsque M. Barande quitta la direction du cours de langue allemande au mois de novembre 1832, Mgr le duc de Bordeaux était en état d'expliquer facilement *la Guerre de trente ans*, de Schiller.

S. A. R. n'a consacré régulièrement que trois heures par semaine à la grammaire et à la langue allemande, y compris études et leçons.

IV. Géographie. Au mois d'août 1830, Mgr le duc de Bordeaux, connaissait la description générale du globe, celle des principaux états de l'Europe, et la description de la France avec beaucoup plus de détails. Il avait acquis ces connaissances sous la direction de M. Colart, remplacé à diverses reprises par M. Barande; mais il n'avait aucune notion de géographie mathématique, physique, etc.

Depuis cette époque, S. A. R. a appris, sous la direction de M. Barande, et possède aujourd'hui : 1° la géographie mathématique et physique développée dans ses diverses branches, et rédigée par Mgr en 35 feuilles in-4°; 2° la géographie générale du globe, et plus spécialement de l'Europe, développée et complétée. Ce cours n'est pas rédigé faute de temps; 3° la description complète et détaillée de la France, savoir : division par provinces et par départemens; rapports de ces deux systèmes; système des montagnes, système fluvial par bassins, avec tous les affluens; système des canaux, etc. géographie comparée aux divers âges.

Souvenirs historiques de toutes les localités remarquables; curiosités naturelles et produits principaux des diverses contrées.

4° La description complète et détaillée sous tous les rapports, comme celle de la France, de l'Italie, l'Espagne, Portugal, Suisse, Allemagne avec toutes ses souverainetés, Belgique, Hollande , Danemarck , Suède , Angleterre ,

Écosse, Irlande, etc. En un mot, de toute l'Europe, excepté la Russie et la Turquie dont la description n'a été que préparée. Des feuilles suc-
cinctes, en forme de tableaux, ont été écrites
par Mgr pour lui faire retenir l'orthographe des
noms. Les souvenirs historiques et les observa-
tions qui se lient à ces noms, ne sont point ré-
digés faute de temps.

La géographie et l'histoire sont intimement
liées dans l'enseignement donné jusqu'ici à S.A.R.
et ne sauraient être séparées.

Mgr n'a consacré régulièrement que trois
heures par semaine à la géographie, y compris
études et leçons.

V. Histoire. *Histoire ancienne.* Mgr le duc
de Bordeaux avait reçu en France quelques notions de l'histoire de la Grèce, de l'Égypte, etc.
M. Barande les a entretenues par le choix des
auteurs latins qu'il a fait expliquer à S. A. R.,

mais il n'a point eu le temps de les développer par des leçons spéciales.

Histoire moderne. L'histoire moderne a été depuis sept ans l'objet principal des études de Mgr, et c'est aussi dans cette branche qu'il a fait les progrès les plus remarquables.

Lorsque M. Barande commença ce cours en octobre 1826, S. A. R. avait reçu de M. Colart quelques notions superficielles de l'histoire de France. Depuis cette époque, Mgr a appris sous la direction de M. Barande, par des développemens successifs et proportionnés à l'âge du royal élève : 1° l'histoire générale de l'Europe depuis le commencement du 5° siècle jusqu'au milieu du 18° ; 2° l'histoire particulière détaillée de France, d'Angleterre, d'Allemagne, de Naples, de Venise, de Florence, de Milan, etc., l'histoire générale de l'Espagne et du Portugal, principalement dans leurs rapports avec l'histoire des autres nations Européennes. Le temps n'a

pas permis de terminer l'histoire des 17ᵉ et 18ᵉ
siècles avec les mêmes développemens, ni de
compléter le cadre de l'histoire des états du
nord et de la Turquie, qui n'a été que préparé.

S. A. R. possède la chronologie d'une manière remarquable; elle connaît les généalogies
et les rapports de famille de toutes les dynasties
qui ont régné dans les pays indiqués ci-dessus
et de leurs branches principales; elle en a dressé
des tableaux détaillés qu'elle reproduit de mémoire.

Interrogé sur une époque quelconque, Monseigneur peut tracer, de vive voix, ou par écrit,
sans autre secours que sa mémoire, le tableau
synoptique de l'histoire de l'Europe, en indi-
quant, pour chaque pays : le souverain, tous
les événemens importans de son règne, ses rapports avec les états voisins, les dates des principaux faits, les événemens généraux de l'histoire
de l'Europe, etc. Monseigneur est habitué, au-

tant que son âge peut le permettre, à considé-
rer les causes et les suites des grands événemens,
à suivre le développement des institutions des
peuples et du pouvoir royal, à comparer la forme
du gouvernement des divers peuples, à observer
les changemens relatifs à la religion , les progrès
de la civilisation, des sciences , des arts, du
commerce, les découvertes importantes, etc.
S. A. R. a rédigé, de vive voix, et écrit
sous la dictée de M. Barande , un résumé
des histoires de France, d'Angleterre , d'Allemagne , d'Italie , etc. Ce résumé, très concis
pour les premiers siècles, prend successivement
plus d'étendue ; le 17ᵉ siècle, pour l'Allemagne seule, comprend 55 feuilles in-4ᵘ,
(ou 140 pages.)

M. Barande s'est surtout appliqué à donner à
son royal élève l'habitude d'exprimer ses idées
d'une manière claire , précise et suivie. Aussi,
Monseigneur le duc de Bordeaux , en racontant
ou en écrivant l'histoire , se distingue par l'or-

dre, la netteté de ses pensées et par le choix de ses expressions.

S. A. R. n'a consacré qu'une demi-heure par jour à l'histoire, pendant son séjour en France, et une demi-heure par jour, depuis le mois d'août 1830, y compris études et leçons.

L'original de l'état ci-dessus, dressé et possédé par M. Barande, est revêtu de l'attestation suivante :

« Je certifie que Monseigneur le duc de Bor-
« deaux possède, en ce moment, toutes les con-
« naissances indiquées dans le présent état, et je
« déclare que tous les progrès de S. A. R. sont
« dus au zèle éclairé de M. Barande et à l'unité
« qu'il a mise dans l'enseignement entièrement
« confié à ses soins. »

Tœplitz, le 30 juin 1833.

Signé Baron DE DAMAS.

P. S. A ces connaissances, il faut ajouter l'anglais, le dessin, l'escrime, l'équitation, etc., etc., que S. A. R. a appris sous des maîtres particuliers.

⎯⎯∞⎯⎯

C'est sans doute beaucoup pour un prince de l'âge d'Henri V que tout ce savoir qu'il doit aux personnes chargées, depuis son enfance, de son éducation; mais, à notre sens, ce serait peu, si tout cela n'était relevé par un noble caractère qui se révèle dans une foule de traits que nous n'avons pu citer; en voici quelques-uns que les journaux ont redits, et que nous rapporterons sans y rien changer, car nous ne voulons pas être les seuls à louer le jeune homme que les froids Allemands ont nommé *admirable.*

Je manquerais à mon devoir si je ne faisais

connaître à la France royaliste un nouveau trait de générosité de notre jeune Henri.

Dans l'audience que j'ai eu le bonheur d'obtenir du royal enfant, aussitôt qu'il m'aperçut, « Eh bien ! docteur, me dit-il, est-il bien vrai « que Paris ait tant souffert du choléra ? Si le « fléau a fait des ravages tels qu'on les dépeint « ici, vous aussi, probablement, vous avez « perdu des membres de votre famille, malgré « tous les soins que vous avez pu leur pro-« diguer. »

Je répondis que je n'avais aucune perte à déplorer dans ma famille, mais que je plaignais amèrement ce grand nombre de pauvres enfans que le fléau avait rendus orphelins.

« Oui, Monsieur, me répliqua-t-il, je le « connais mieux que personne ; il faut être or-« phelin pour bien apprécier leurs souffrances ; « aussi je les plains de tout mon cœur. » En proférant ces mots, le jeune prince devint rouge; ses yeux se remplirent de larmes, et, me prenant la main, il me conduisit dans son cabinet, et me dit : « Monsieur, je ne suis point « riche; mon cœur est plein de compassion « pour mes petits compagnons d'infortune; « j'espère qu'un jour mes moyens répondront « à mes sentimens. En attendant, je ne puis « leur offrir que mes prières et ces petites éco- « nomies dont je vous charge. » Aussitôt Henri tira de son bureau et me remit un billet de banque. « Si je ne suis pas très riche, ajouta- « t-il, les longues soirées d'hiver me permet- « tront, en revanche, de travailler beaucoup « pour eux. Je ferai des albums dont le produit « sera destiné au soulagement des détenus poli- « tiques et des orphelins abandonnés. »

Je suis, Monsieur le rédacteur,

Votre très humble et très obéissant serviteur,

ALOYSIUS DE MEY.

On nous écrit de Prague :

« Le jour des funérailles du prince Lichtens-
tein, gouverneur militaire de la Bohême, Henri
étant à une des fenêtres du Hradschin, et regardant défiler la garnison de Prague qui suivait le
convoi, vint à passer un beau régiment de hussards à peu près équipé comme les hussards français. « Regardez donc, dit Henri tout joyeux,
« aux Français qui étaient auprès de lui, voilà
« de la cavalerie comme la nôtre ; voyez, leur
« uniforme ressemble aux uniformes français ;
« oh ! si c'étaient des Français, je sauterais par
« la fenêtre pour être plus vite à eux. »

Une lettre de Prague contient le fait suivant :

Il y a peu de jours, Henri V, à son retour d'une promenade à cheval dans les environs du Hradschin, passait rapidement la grille du château, lorsque le factionnaire surpris lui présenta les armes précipitamment; le cheval eut peur et se cabra avec tant de violence, que le jeune cavalier, qui ne s'y attendait point, perdit les étriers, et, après un moment de lutte avec son coursier, qui continuait à se cabrer, il fut désarçonné. Mais il ne quitta point la bride, et en un instant, il était remonté sur l'animal fougueux, qu'il parvint à dominer avec tout l'art de l'écuyer le plus consommé. Ce n'était pas assez pour le prince : il donne l'ordre au factionnaire de lui présenter de nouveau les armes au moment où il passera sous la grille; en même temps, il donne de l'éperon à son cheval, qui, tremblant sous le poids d'un enfant, franchit la porte comme un trait, et reçoit bientôt les caresses de son maître pour prix de sa soumission.

Courage, Henri, que cette aventure vous apprenne ce que peuvent l'habileté, la persévérance et la résolution !

A. PINAS DE LA FOREST, imp., rue des Noyers, n. 27.